教育部人文社会科学研究规划基金西部和边疆地区项目"马克思主义人口结构调整理论中国化研究"（17XJA790005）资助

西北地区人口结构问题研究

宋元梁　张亲脑◎著

中国商务出版社

·北京·

图书在版编目（CIP）数据

西北地区人口结构问题研究 /宋元梁，张亲脑著
. --北京：中国商务出版社，2023.11
ISBN 978-7-5103-4959-1

Ⅰ.①西…　Ⅱ.①宋…②张…　Ⅲ.①人口构成—研
究—西北地区　Ⅳ.①C924.24

中国国家版本馆 CIP 数据核字（2023）第 235227 号

西北地区人口结构问题研究

宋元梁　张亲脑◎著

出版发行：中国商务出版社有限公司
地　　址：北京市东城区安定门外大街东后巷 28 号　邮　　编：100710
网　　址：http://www.cctpress.com
联系电话：010—64515150（发行部）　　010—64212247（总编室）
　　　　　010—64515164（事业部）　　010—64248236（印制部）
责任编辑：云　天
排　　版：北京天逸合文化有限公司
印　　刷：宝蕾元仁浩（天津）印刷有限公司
开　　本：787 毫米×1092 毫米　1/16
印　　张：14.75　　　　　　　　　　字　　数：214 千字
版　　次：2023 年 11 月第 1 版　　　印　　次：2023 年 11 月第 1 次印刷
书　　号：ISBN 978-7-5103-4959-1
定　　价：79.00 元

序 言

2022 年，中国人口首次出现负增长的现象，标志着中国人口发展已进入生育率低迷、劳动人口比重下降和老龄化加速的人口结构失衡状态，如何治理中国人口结构失衡问题，引发学界、政界和国际社会的广泛关注。可喜的是，宋元梁教授和张亲脑老师等在长期调查研究陕西暨西北地区人口问题的基础上，形成了本专著，读后令人耳目一新。我觉得本书有以下三个特点。

第一，马克思主义人口结构理论是指导中国人口结构调整的科学理论。中国作为世界第一人口大国，人口结构问题今后将会长期存在。在社会主义制度下如何解决中国复杂的人口问题，离不开马克思主义人口理论的科学指导。新中国成立后到 20 世纪 70 年代初期，面对两次生育高峰对经济社会发展的冲击，我们党和政府坚持以马克思主义"两种生产"一起抓为指导思想，结合人口多、底子薄的基本国情，果断地采取了"控制人口数量、提高人口质量"的政策举措，从而有效地控制了人口数量过快增长的势头。1997 年与 1970 年相比，人口出生率由 33.43‰下降到 16.57‰，妇女总和生育率由 5.81 下降到 2.0 左右。随着人口数量增长得到有效控制，我国人口的文化素质和健康水平得到大幅提高。在巩固九年义务教育的同时，高等教育快速发展。1978 年，中国的高等教育毛入学率只有 1.55%，1998 年为 9.76%，2012 年升至 30%，2022 年达到 59.6%。1981 年，我国的人均预期寿命为 67.8 岁，2021 年提高到 78.2 岁。人口数量的增速下降和国民素质的整体提高，也为中国经济社会持续发展赢得了时间和空间。中国 GDP 自 2010 年首次超越日本后，至今稳居世界第二，站在了世界经济舞台的中央。随着我国改革开放和工业化、城镇化的加速推进，生育机会成本也在不断上升，加之当代年轻人婚育观念发生变化，导致生育率持续走低。第七次全国人口普查数据显示，2020 年育龄妇女总和生育率仅为 1.3，远低于 2.1 的生育替代水平，处于世界最低生育率国家行列。50 年来生育水平持续下降，人口结构由年轻型向老年型转变，少儿人口和劳动力人口的比重持续下降，而老龄人口却在逐年增大。2022 年，我国 0~15 岁的少儿人口占全国人口的比重为 18.2%，16~59 岁的劳动年龄人口占全国人口的比重为 62.0%，60 岁及以上人口占全国人口的 19.8%，其中 65 岁及以上人口占全国人口的 14.9%。"少子化"和"老龄化"俨然成为我国目前严峻的人口结构难题。"两难"相比，如何有效提升生育率是重中之重。对此，我们国家依然坚持马克思主义人口结构调整理论中国化原则，实施人口长期均衡发展战略，在放开"两孩""三孩"生育政策的基础上，采取延长婚育假期、提高婴幼儿养育补贴和少儿教育补贴、提高夫妻收入税收抵扣标准、营造鼓励生育的宽松环境等政策举措。党的二十大报告明确指出："优化人口发展战略，建立生育支持政策体系，降低生育、养育、教育成本。"本书通过对新中国成立以来相关研究成果的系统梳理，提出的马克思主义人口结构调整理论是化解目前中国人口结构难题的科学思想体系，在一定程度上填补了此领域的研究空白，具有重大意义。

第二，人口结构与产业结构协调发展是经济社会持续发展的前提条件。笔者认为马克思主义两种生产理论依然是解决中国人口结构问题的基本理论。人口结构的调整升级不是孤立进行的，必须以产业（生产）结构优化升级为基础，两者相辅相成，互为条件。书中通过对西北地区的入户问卷调查分析和面板数据分析，得出两个基本结论：西北地区的人口结构与产业结构耦合协调度与经济发展之间存在着双向交互响应关系；人口与产业的耦合协调度对西北地区农民人均可支配收入的影响显著为正。相关的对策研究也具有一定前瞻性。

第三，关注家庭生育意愿的变迁和计生家庭子女伤残照护问题。影响家庭生育意愿的因素非常复杂，既有经济因素（如就业、收入、补助、抵税等），也有非经济因素（如住房、婚假、产假、就业歧视等），还有年龄性别婚育选择的差异因素。发达国家的生育激励经验表明，提高生育率的难度要远远大于控制生育率的难度，生育率的缓慢提升是一项长期而复杂的社会系统工程。因此，政府、企业、社会和家庭必须协同联动，综合施策，才能营造出适应现代社会人们愿意生育的宽松环境。原计生户子女的意外伤残照护问题值得关注，这些家庭曾经为国家计划生育做出过重要贡献，其伤残子女如今面临着医疗、养护、就业、婚育和赡养老人等严峻的现实问题，原有的伤残补贴和扶助体系目前已难以适应时代要求，需要加大扶持力度和出台新的养护扶助政策。上述两个专项的研究工作，是笔者带领师生在陕西全省大范围抽样调查的基础上完成的，研究富有创意，敢于探索人口难点问题。

此外，笔者还专题研究了明代中期的县域村域微观移民问题、明代中期陕西武功县军户农民家庭的生产结构和赋役结构问题，以及西方生育成本理论评析等，显示了笔者深厚的研究功底和宽阔视野。

总之，本书内容丰富，以马克思主义人口结构理论为指导，以陕西暨西北地区的人口结构与产业结构协调发展为主线，采用调查研究和实证分析相结合等方法，得出的结论对人口研究和人口决策具有较大的参考价值。

当然，本书还存在着一些不足的地方，如缺少人口结构调整的国内外对比，西北五省（区）对如何优化人口结构缺少具体分析等。

是为序。

吴旺延

2023.9.1

目　录

第1章 导 言

1.1 研究背景

改革开放以来，受改革红利和人口红利等系统因素驱动，中国经济社会快速成长，目前已经稳居全球第二大经济体，居民收入逐年提高，社会显著进步。然而，由于市场经济发展的竞争性和资源配置的非均衡性，中国区域经济增长和城乡居民收入增长呈现出明显的非均衡性，东部沿海地区高于中西部地区，城镇高于农村。

2020 年我国 GDP 总量突破 100 万亿元，稳居世界第二位，但除以 14 亿人口，则人均只有 1 万美元，仅相当于全球平均水平的 2/3，美国的 1/7，在世界排名 80 位左右。我国的人均资源占有量也远低于世界平均水平，淡水、耕地、草地仅占世界平均水平的 1/4、1/3、1/2，石油、天然气、煤炭、铁矿石、铜和铝等重要矿产资源的人均储量仅相当于世界平均水平的 11%、4.5%、79%、42%、18% 和 7.3%。2022 年，全国常住人口城镇化率为 65.22%，全国居民人均可支配收入 36883 元，其中，城镇居民人均可支配收入 49283 元，农村居民人均可支配收入 20133 元（国家统计局，2023），城乡居民收入差距达 1.45 倍。未来如果没有适应经济现代化进程所需的供给侧即包括人口结构和产业结构调整升级，缺乏经济高质量增长的动力，那么，全面现代化的目标将难以实现，居民收入水平将会停滞不前，难免会陷入"中等收入陷阱"的怪圈之中。

20 世纪 70 年代以来随着我国长期执行控制人口数量和提高人口质量的人口政策，加之经济社会诸多因素影响，生育率持续降低，老龄化加速，导致目前出现人口结构失衡问题。第七次全国人口普查结果显示，2020 年我国人口年龄构成为：0~14 岁占比为 17.95%，15~59 岁占比为 63.35%，60 岁及以上占比为 18.7%。与 2010 年第六次人口普查相比，0~14 岁、15~59 岁、60 岁及以上人口的比重分别上升 1.35 个百分点、下降 6.79 个百分点、上升 5.44 个百分点，10 年间人口年平均增长率仅为 0.53%。2022 年，受长期低生育率影响，我国首次出现人口负增长现象。

根据国家统计局数据显示，2022 年我国出生人口为 956 万人，出生率为 6.77‰；死亡人口为 1041 万人，死亡率为 7.37‰；总人口为 141175 万人，较上年末减少 85 万人，自然增长率为-0.60‰，我国正式步入人口转变完成后的人口负增长时代。我国的总和生育率在 1992 年便开始降至更替水平以下并长期维持在较低水平。此时，人口的内在增长率开始由正转负，负增长势能逐渐蕴蓄。中国在 2022 年及今后的人口负增长既是人口发展客观规律的表现，也是经济社会发展的必然结果。国际经验也表明，只要一个国家（地区）的总和生育率低于并长期维持在更替水平以下，其或早或晚都会进入人口负增长阶段。

因此，我国人口发展已进入生育率低迷、劳动人口比重下降和老龄化加速的人口结构失衡状态。我国人口基数大、人口众多的基本国情没有改变，超大规模国内市场优势将长期存在，人口与资源环境仍将处于紧平衡状态。

目前，我国已进入经济结构调整与创新发展新阶段。以前，面对短缺经济，我们主要通过扩大总需求发展技术含量不高的中低端产业，以解决温饱和奔小康问题。现在，针对传统产业产能过剩和产业结构落后的问题，我们需要通过创新和供给侧结构性改革，打造新的科技含量更高的产业链、供应链，实现供给侧结构性改革和扩大需求并举，推动经济现代化进程。针对人口增长放缓和人口结构失衡，需要采取措施促进人口长期均衡发展。我国劳动力资源依然丰富，人口红利继续存在，但劳动年龄人口比重逐年缓慢减少，经济结构和科技发展需要调整适应。少儿人口和老年人口比重双双上升，既反映了调整生育政策的积极效果，又凸显了"一老一小"人口问题的重要性，需要优化生育政策和完善养老育幼等人口服务体系。

为了实现现代化的奋斗目标，本研究拟从人口结构和产业结构协同调整视角进行探索。影响人口结构和产业结构的因素是多方面的，其中，影响产业结构的因素主要有自然资源、产业基础、技术水平和创新能力等；影响人口结构的因素主要有国家政策、文化习俗、生育水平和教育水平等。为了促使经济社会持续发展，我们必须协调人口结构和产业结构，以利于稀缺资源的合理配置与有效使用。因此，如何促使人口结构和产业结构协调发展，已成为影响我国社会经济持续发展的重大课题。

马克思主义人口理论认为：人口再生产与物质资料再生产（即"两种生产"）一样，是有规律可循的；不同的生产方式有不同的人口规律，即使同一生产方式的不同历史发展阶段，受生产力水平影响，人口规律的作用和表现形式也会呈现出不同特征；资本主义私有制是以资本利益最大化为核心的，两种生产不可能得到协调发展；"如果说共产主义社会在将来某个时候不得不象已经对物的生产进行调整那样，同时也对人的生产进行调整，那么正是那个社会，而且只有那个社会才能毫无困难地做到这点"。为了更好地掌握和运用社会主义人口规律，搞好人口结构失衡的调控，迫切需要把对社会主义人口规律的认识，统一到马克思主义人口理论上来。据此，我们认为，实现人口生产与再生产"有意识有计划控制"是社会主义人口规律。人口生产与再生产动态均衡发展并与物质资料生产与再生产要求相适应，这是社会主义人口发展规律的根本要求，也是我国人口结构调整的预期目标。马克思主义"两种生产"理论自传入中国就获得重视，一直被作为中国制定、调整人口政策的理论依据。新中国成立后，特别是党的十一届三中全会以后，我们遵循马克思主义人口规律，结合我国人口实际，创建了中国特色社会主义人口理论及其政策体系，实现了马克思主义人口理论中国化，通过计划生育和优生优育政策，有效地控制了人口数量的过快增长，有效缓解了人口对资源、环境的压力，大幅度地提高了人口质量，为两种生产协调发展及中国经济社会跨越式发展赢得了时间和空间，取得了举世瞩目的伟大成就。我国实行计划生育政策 40 多年来，总体上来看是成功的。其最大的成绩就是少生了近 6 亿人口，使人口迅猛增长的势头得到了有效遏制，国家的资金积累不断增加，社会主义建设的速度大大加快，使中国跨进了世界第二大经济体及中等收入国家的行列。习近平总书记指出：“马克思主义是科学的理论，创造性地揭示了人类社会发展规律。……实践证明，马克思主义的命运早已同中国共产党的命运、中国人民的命运、中华民族的命运紧紧连在一起，它的科学性和真理性在中国得到了充分检验，它的人民性和实践性在中国得到了充分贯彻，它的开放性和时代性在中国得到了充分彰显！”党的二十大报告指出：“实践告诉我们，中国共产党为什么能，中国特色社会主义为什么好，归根到底是马克思主义行，是中国化时代化的马克思主义行。”目前，面对世界百年未有之大变局及中国人口结构失衡新难题，必须坚持以马克思主义人口结构理论为指导，积极调适人口结构，实现中国人口长期均衡发展。

西北五省（区）地处我国西部地区，自然条件和基础设施较差，经济基础薄弱，市场改革后净迁出人口数量较多，劳动力素质相对不高，人口与经济发展的协调度明显低于中东部地区，居民人均收入较低，农村地区发展相对滞后。因此，本研究以马克思主义人口结构理论为指导，以西北五省（区）的人口结构与产业结构协调为研究对象，运用理论分析和实证分析相结合等方法，研究西北地区人口结构与产业结构协调发展的路径依赖，以期为其持续发展和与全国同步进入现代化探寻调适人口结构的有效对策。

1.2　研究目的和意义

木桶原理告诉我们：决定水桶盛水量多少的关键因素不是其最长的板块，而是其最短的板块。西北暨西部地区经济社会发展相对落后，仍是中国建成现代化国家的短板。习近平总书记在党的二十大报告中指出，推动西部大开发形成新格局。这为加快构建新发展格局、着力推动高质量发展明确了关键环节、提出了科学路径。西部大开发战略是促进西北区域协调发展的重大战略设计和制度安排。党的二十大报告阐释了中国式现代化的特征之一是人口规模巨大的现代化，高质量发展是全面建设社会主义现代化国家的首要任务，必须坚持科技是第一生产力、人才是第一资源、创新是第一动力，教育、科技、人才是全面建设社会主义现代化国家的基础性、战略性支撑，调整、优化产业结构和人口结构是西北地区高质量发展和实现现代化的关键举措，因此，研究意义十分重大，包括以下几个方面。

第一，学习和梳理马克思主义人口结构理论，为制定西北人口结构调整战略提供科学理论指导。马克思、恩格斯在对资本主义生产方式矛盾运动深入分析的基础上，形成了科学的人口（结构）理论。马克思主义认为，人的本质属性是社会属性，是一切社会关系的总和，人口规律是一种社会规律。人口结构外化为社会结构形式，在阶级社会中，人口具有阶级性；物质劳动和精神劳动的分工，导致城市和乡村的分离和城乡人口的分野，工业化、资本集中、资本有机构成提高和城乡收入差距等因素交织，加速了农村人口向城市（甚至国外）的转移和集中，导致了城市工商业快速发展，农业地位降低，农村逐渐边缘化；人口规律是两种生产相互适应的社会经济规律，相对过剩人口是资本主义特有的人口规律，有意识有计划控制人口生产与再生产是社会主义人口规律，"两种生产成比例"是普遍的人口规律；人口的产业分布变化、城乡分布变化、年龄结构变化和生育率高低变化等，都是社会生产力发展变化的结果。这些理论的中国化，形成了中国特色的社会主义人口理论和人口治理方略，既为我们客观地认识和探索中国目前的人口结构问题提供了科学的方法论和世界观，也是我们进行人口结构问题研究、制定优化人口结构政策和解决人口结构问题的指导思想和基本原则。

第二，产业结构决定人口结构，人口结构反作用于产业结构，人口结构与产业结构相协调是西北地区经济持续发展的关键。40 多年的市场化效率化改革，使西北地区的经济社会走出了传统经济的束缚，取得了经济结构和人口结构的优化升级，工业化、城镇化稳步推进，农村全面脱贫，居民收入水平和生活水平持续提高。但在以海洋为中心的经济开放时代，西北内陆地区的自然条件、经济基础、人力资本和相对收入水平等，与东部发达地区差距明显。研究表明，近些年来，西北地区的产业—人口耦合协调度明显低于东部和中部地区，经济社会持续发展的瓶颈约束严重，不利于全国区域经济协调发展，是我国建成现代化国家的短板所在。因此，国家"十四五"规划、中共中央国务院《关于新时代推进西部大开发形成新格局的指导意见》和党的二十大报告等，都把推动西部大开发形成新格局当作战略重点。故而，研究西北地区的人口结构和产业结构协调发展及其实施路径具有重大的现实意义。

第三，西北地区地域辽阔，资源丰富，民族众多，是新丝绸之路向西开放发展和国家构建陆权中心的核心地带，发展潜力巨大。西北地区是未来国家建设现代化的战略基地，具有独特的资源优势、经济优势和区位优势，随着中亚铁路建设并向西亚、南欧延伸，西北地区的陆权中心地位将大幅提升，新丝路经济带复兴的前景光明，区内相关的矿产资源开发、煤炭石化产业、新能源产业、旱作农业产业、畜牧产业、沙漠绿化产业、文教旅游产业和交通物流产业等支柱产业，与丝路沿线国家的合作共赢发展潜力十分巨大，通过广泛参与外向经济，提升区内人口与产业持续协调发展的质量水平。充分利用国家给予西北地区发展的重大战略机遇，加强基础设施建设，西北五省(区)协同谋划经济社会高质量发展的重大指向、重大政策、重大产业、重大工程，把区内的功能优势、资源优势、区位优势转化为推动现代化建设的发展优势。因此，研究的政策意义十分重大。

1.3　研究方法与研究内容

以马克思主义人口结构理论、产业结构理论等为理论基础，以《中国统计年鉴》等相关数据和调研数据为依据，运用规范分析与实证分析相结合等方法，以西北五省（区）的产业结构和人口结构协调发展为研究对象，主要研究陕西暨西北地区的产业结构和人口结构协调发展及其对居民收入的影响，以及历史上的移民和当代生育政策变迁及其趋势等问题，并得出相应结论和对策建议，为实现西北地区与全国一道建成社会主义现代化国家提供智力支持。

本书研究内容：

第1章　导言

第2章　马克思主义人口结构理论研究综述

第 2 章 马克思主义人口结构理论研究综述

人口结构理论在马克思主义理论体系中有着丰富论述并占有重要地位。我国作为世界上人口较多的发展中国家，新中国成立 70 多年来，特别是改革开放以来，人口结构经历了由农村人口占多数的年轻型人口结构迅速向城镇人口占多数的老年型人口结构转变，人口结构转变之快与我国改革开放 40 多年来的经济社会跨越式发展密切相关。目前，在实现人口众多的大国现代化进程中，人口结构失衡问题日益严重，如少子化、老龄化、人口分布畸形和人口负增长等，尤其是生育率偏低泛化和老龄化加速，引起了社会高度关注。马克思主义人口结构理论依然是指导中国人口均衡发展的强大理论宝库。对此，我国学术理论界进行了长期的研究，探索社会主义人口规律，制定人口发展战略，指导我国人口和生育实践，为马克思主义人口结构理论中国化作出了重大贡献。

截至 2023 年 7 月 12 日，我们在中国知网查询"马克思主义人口结构理论研究"，目下没有论文，其相关学术成果包含在"马克思主义人口理论研究"目下。查询"马克思主义人口理论研究"目下共有论文 106 篇（本），研究成果主要集中在"人口与计划生育""马克思主义""经济理论和经济思想史"和"经济体制改革"（3 篇/本）等学科领域。从研究成果发表时间分布来看，新中国成立以来，除 1957 年有 1 篇外，20 世纪 80 年代共有 32 篇，形成第一个高峰；20 世纪 90 年代共有 16 篇，仅为 80 年代的一半，处于低潮；2001—2010 年共有 20 篇，较 90 年代微升；2011—2022 年共有 37 篇，形成第二个高峰；1978—2022 年 44 年间共发表 79 篇学术论文，年均 1.8 篇；近年来，研究生的学位论文专题研究明显增多。当然，马克思主义人口结构理论的相关研究成果很多，不仅仅局限在中国知网的"马克思主义人口理论研究"目下。以下，根据相关研究成果进行分类评述。

2.1　马克思主义的人口观为人口结构研究提供了科学方法论

2.1.1　唯物辩证法奠定了马克思人口理论科学基础

马克思主义人口思想是以辩证唯物主义和历史唯物主义为理论基础，把人口现象、人口过程以及人口规律放到生产力和生产关系、经济基础和上层建筑的矛盾运动中考察，科学地阐明了人口发展、运动、变化的客观规律，是马克思主义的重要组成部分。马克思在《德意志意识形态》中谈到人类历史的前提时就曾明确地指出，物质资料的生产（通过劳动）、人自身的生产（通过家庭、性关系）和由此而形成的人与人之间的关系，这三个方面并不是人类历史活动中的三个不同的阶段，而是同一历史活动中的"三个因素"。"从历史的最初时期起，从第一批人出现时，三者就同时存在着，而且就是现在也还在历史上起着作用"。（《马克思恩格斯选集》，第 1 卷，第 34 页）也就是说，人自身的生产和物质资料的生产是同一人类历史活动的两个不可分割的方面，它们作为人类历史存在和发展的基础，共同在人类历史的发展进程发挥着作用。无论是"物质资料再生产"还是"人自身生产"，都是主体的"人"通过人自身的实践活动"生产"出来的。既然全面意义上的马克思主义人口理论是唯物的也是辩证的，那么，要进一步完善我们在马克思主义指导下所构建的人口理论就要像以往强调唯物论（当然是辩证的）那样也强调辩证法（同样当然是唯物的）。马克思主义人口理论的哲学原理依据是生产方式决定人口规律。社会存在作为人类社会生活的物质方面，作为社会历史的物质基础，是指各种物质要素的总和，主要包括三大内容：地理环境、人口因素、物质资料的生产方式。无论是地理环境还是人口因素都能对社会的存在和发展起着加速或延缓的作用，但不起决定作用，最终起决定作用的是物质资料的生产方式。马克思、恩格斯彻底运用唯物主义研究社会历史发展的根本原因，研究人口经济现象，这就从世界观的高度破除了资产阶级在人口经济研究中的唯心史观和形而上学的方法论，从而为人口经济科学的发展奠定了科学的理论基础。"两种生产"理论是马克思、恩格斯对辩证唯物主义原理以及历史唯物主义原理的一大创造性应用，其集中地呈现了人口生产和物质资料生产二者对立统一的关系。马恩两人在人类发展的宏大视域下考察"两种生产"在历史上的决定性作用，从中揭示出人口生产和物质资料生产既相互依赖又相互制约的社会生产矛盾法则。

2.1.2　人口再生产是自然过程和社会历史过程的统一

人是人口理论研究的对象，是人口理论的核心范畴。马克思认为，人口是生活在一定时间、一定地域、一定社会生产方式中的社会群体，"是一个具有许多规定和关系的丰富的总体"。马克思对"人"这个概念的阐述是以人和人的本质的科学理论为依据的，在人口理论史上具有重大的意义。它是马克思主义全部人口思想的出发点。马克思将"人"视为自然的人和社会的人的统一，指出"人的本质不是单个人所固有的抽象物，在其现实性上，它是一切社会关系的总和"，马克思观念中的"人"并不是独立个体，而是一个群体，实际上已经隐含提出"人口"这一概念。马克思、恩格斯清楚地概括出两种形式的"生命的生产"：其一是"通过劳动而达到的自己生命的生产"，也就是物质资料的生产；其二是"通过生育而达到的他人生命的生产"，也就是人口的生产。在《资本论》第一卷，马克思深刻地阐明了人口是物质资料生产的能动要素这一重要观点，他指出："人口数量和人口密度是社会内部分工的物质前提。"马克思在《政治经济学批判导言》中分析了人口始终处于一定生产关系之中，在阶级社会里，如果抛开人口的阶级关系和阶级构成，人口就是一个抽象。只有用唯物史观和辩证法来研究一定社会生产方式下的人口，它才不是一个混沌的或空洞的抽象，而是一个具有许多规定和关系的丰富的总体。斯大林在《列宁主义问题》一文中指出："人是社会物质生活条件的必要因素，没有一定的最低限度的人口，就不可能有任何社会物质生活。"人口的再生产不是一个纯生理的过程，也具有社会性，它应该与社会的物质资料的再生产相适应，人口的再生产过多超越物质资料和自然的承受范围，将不利于人口和物质资料的生产，最终影响到社会的进步与发展。马克思的人口与物质资料的再生产理论要求以人为本，从现实中的人出发，按照物质资料的生产逻辑进行物质的再生产，尊重劳动、展现劳动的价值才能解决人口的再生产难题。

2.1.3　人口规律是两种生产相互适应的社会经济规律

在马克思以前，流行的人口理论主要有资产阶级古典经济学的人口理论，马尔萨斯的人口理论和空想社会主义的人口理论，马克思的人口理论是在批判资产阶级人口理论和其他人口理论中建立起来的。如果说马克思主义经济学是批判继承了资产阶级古典政治经济学才创立的，那么，在人口理论方面，应该说，马克思与恩格斯是在彻底批判资产阶级人口学说中，独创了科学的人口理论。马尔萨斯人口论的基本观点，就是把人口增长超过生活资料增长当作永恒的自然规律，资本主义制度下工人的失业和贫困，是由于人口增长超过生活资料增长的结果。对此，马克思在《1844 年经济学哲学手稿》中，把工人的贫困化和劳动异化问题结合起来，强调指出要消灭异化劳动，结束人的相互异化，必须废除私有财产，"而要消灭现实的私有财产，则必须有现实的共产主义行动"。(《马克思恩格斯全集》第 42 卷，第 140 页) 马克思在《资本论》中，论述了资本主义相对过剩人口规律，反映了资本主义制度下人口问题的本质。"工人人口本身在生产出资本积累的同时，也以日益扩大的规模生产出使他们自身成为相对过剩人口的手段。这就是资本主义生产方式所特有的人口规律。"(《马克思恩格斯全集》第 23 卷，第 692 页) 马克思对资本主义生产方式下人口规律的分析，不仅对于认识资本主义人口问题有重大意义，而且在这些分析中所运用的科学方法，对于研究其他生产方式的人口规律，也具有重要的指导意义。《资本论》为我们树立了研究人口问题，揭示人口规律的光辉典范。由马克思"不同的社会形态有不同的人口规律"这一基本原理推导，能够得出"普遍的人口规律"是存在的，但是普遍不等同于抽象的人口规律，"两种生产成比例"就是普遍（共有）的人口规律。关于人类社会共有人口规律的表述问题，有些学者把它概括为"人口发展必须同经济和社会发展、环境容量相适应的规律"，并认为这个规律的主要内容和基本要求应包括两个方面：劳动人口的数量、结构和质量必须同生产资料的生产及其他物质条件相适应，全体人口的数量、结构和质量必须同生活资料的生产和环境容量相适应。社会主义的人口规律居于首位的是共有规律，亦即"两种生产"相适应的规律，其次是人口就业规律和人口分布规律；人口规律是客观存在的，人口规律是社会规律，人类自身生产与物质资料生产相适应是一切社会共有的人口规律。充分就业是社会主义特有的人口规律，这是生产资料必须与劳动适龄人口适应的一般规律在社会主义制度下的表现形式；广大人民生活优裕化是社会主义另一个特有的人口规律，这是生活资料与人口数量必须相互适应的一般规律在社会主义条件下的表现，也是社会主义基本经济规律的作用向人口领域的延伸。社会主义人口规律可以表述为：在社会主义经济下，适应物质生产发展的需要，有计划地调节人口生产，合理地配置、使用劳动力，不断提高人口质量，以保证满足广大人民日益增长的物质和文化生活的需要；"有计划"是社会主义人口规律的最基本、最本质的特征。为了更好地掌握和运用社会主义人口规律，搞好人口结构失衡的调控，迫切需要把对社会主义人口规律的认识，统一到马克思主义人口理论上来。据此，我们认为，实现人口生产与再生产"有意识有计划控制"是社会主义人口规律。人口生产与再生产动态均衡发展并与物质资料生产与再生产要求相适应，这是社会主义人口发展规律的根本要求，也是中国人口结构调整的预期目标，必须依此目标从理论、观念、体制机制、政策、社会习俗等方面综合发力，强力调整人口结构，使之动态均衡化、合理化。

马克思主义人口（结构）理论是建立在辩证唯物主义和历史唯物主义基础上的一种科学理论，是马克思主义理论体系的重要组成部分。人是一个具有许多规定和关系的丰富的总体；人口生产是一种物质生产，是自然过程和社会历史过程的统一；一定数量、质量的人口构成是社会分工和物质资料再生产的前提条件；人口规律是两种生产相互适应的社会经济规律，相对过剩人口是资本主义特有的人口规律，"有意识有计划控制"人口生产与再生产是社会主义人口规律。"两种生产成比例"是普遍的人口规律，既为我们客观地认识和探索人口结构问题提供了科学的方法论和世界观，也是我们进行人口结构问题研究、制定优化人口结构政策和解决人口结构问题的指导思想和基本原则。

2.2　物质资料生产结构对人口结构产生直接影响

物质资料生产与人口生产即"两种生产"理论，是马克思主义人口理论的基石，"两种生产"的数量、质量、结构既对立又统一。

2.2.1　物质资料生产结构决定着人口生产结构

马克思关于"两种生产"的理论在人口经济思想史上占有非常重要的地位；物质资料生产和人类自身生产是社会生产内部的相互依存、相互制约、相互渗透的缺一不可的两个方面，它们两者的关系是矛盾对立统一的辩证关系；在两者的矛盾运动中，物质资料生产是矛盾的主导方面，人类自身生产始终围绕着物质生产的客观需求而变动。关于马克思主义"两种生产"理论概念的定义，学者们一致认同 1884 年恩格斯在《家庭、私有制和国家的起源》第一版序言所给予的系统性阐述：两种生产"一方面是生活资料即食物、衣服、住房以及为此所必需的工具的生产；另一方面是人类自身的生产，即种的繁衍"。（《马克思恩格斯文集》第 4 卷，第 15–16 页）物质资料的生产和人口的生产，它们在社会发展中的地位和作用并不是完全平列的，而是物质资料生产，首先是物质资料生产方式具有支配的决定性的作用；人口的发展、运动和变化也要受物质资料生产方式的制约、受生产力和生产关系的制约；承认物质资料生产方式决定人口发展，这是马克思人口理论的又一基本原理。马克思在深刻剖析人口再生产规律时，……实际上已经发现，经济因素是制约人口再生产的决定性因素。

2.2.2　两种生产的比例结构应当保持协调

人类自身生产必须与物质资料生产相适应是马克思主义人口经济思想的核心；人类社会的延续不断，一方面要进行物质资料生产，不断取得必需的生活资料；另一方面通过生育繁殖，实现人口的不断更新，因此，两种生产必须相适应地发展。马克思主义人口理论表明在特定社会制度下人口再生产的过程，即一个社会的人口怎样以新的一代更替旧的一代，人口的出生、死亡、自然增加怎样跟国民经济再生产的过程相适应，怎样在整个社会经济的再生产过程中既再生产了人们的生产关系又再生产了跟它相适应的人口的数量和结构。马克思特别重视生产资料和劳动力人口相互适应，"生产资料数量，必须足以吸收劳动量，足以通过这个劳动量转化为产品。如果没有充分的生产资料，……超额劳动就不能得到利用。……如果现有生产资料多于可供支配的劳动，生产资料就不能被劳动充分利用，不能转化为产品"。从马克思恩格斯相关论述可以看出，人口质量主要包括人的身体素质、科学文化素质和思想道德素质这三个方面。马克思人口理论研究的不仅是人口数量，还包括人口质量。马克思和恩格斯对人口质量的研究主要体现在人的身体、思想和文化素质三个方面。为了使人口素质得到全面发展，马克思主义创始人还提出了具体设想，认为"生产劳动同智育和体育相结合，它不仅是提高社会生产的一种方法，而且是造就全面发展的人的唯一方法"。(《马克思恩格斯全集》第23卷，第530页，第391页）马克思主义人口理论本身并不是仅局限于"两种生产"领域之内的，从本质看其论述范围也涉及其他领域；……"两种生产"论需要"拓宽"和"引伸"；比较全面的目光把注意力主要放在考虑人口系统与经济系统的关系时也必须同时考虑与社会系统和资源环境系统的关系；"人的发展"和"社会发展"这"两种发展"要"相适应"。随着时代的发展和国内国际形势的变化，两种生产理论在当今经济社会飞速发展的背景下有拓展的必要。如叶文虎、陈国谦提出的物质资料生产、人的生产和环境生产"三种生产"论；孙承叔提出的物质生产、人类自身生产、精神生产和社会关系再生产的"四种生产统一"论；贾志科、任晓鸿提出的包括文化生产和制度生产在内的"多种生产"论；等等。当代适度人口理论重视人口安全问题，形成对社会、资源、环境与经济综合协调发展的研究，并成为世界各国的共识。

2.2.3　公有制为"两种生产"协调发展提供制度保障

"两种生产"的相适应问题，在不同生产方式中受不同规律支配，在资本主义制度下受资本主义规律支配；由于资本主义是根据追逐最大利润的需要来调节劳动力人口的生产和生产资料的生产，所以"两种生产"不可能协调地发展；在资本主义制度下"两种生产"的关系，集中表现为资本和被雇佣劳动人口之间的关系；"两种生产"的失调往往既表现为资本的过剩，又表现为劳动人口的过剩。马克思和恩格斯在研究资本主义人口规律时，也对社会主义的人口生产提出了科学的预见；在《反杜林论》中，恩格斯进一步阐明了只有实现生产资料公有制，社会生产内部的无政府状态将被有计划的自觉的组织所代替；"如果说共产主义社会在将来某个时候不得不像已经对物的生产进行调整那样，同时也对人的生产进行调整，那么正是那个社会，而且只有那个社会才能毫无困难地做到这点"。（《马克思恩格斯全集》第 35 卷，第 145 页）"两种生产"的观点是马克思主义人口理论的重要基础，而人口生产必须和物质生产相适应是一个客观经济规律，所以要"有计划地控制人口数量，提高人口质量，逐步实现人口过程现代化，是我国社会主义人口发展的必然趋势。

两种生产理论是马克思主义人口理论的基石。两种生产及其矛盾运动贯穿于人类社会始终，受特定生产方式影响。物质资料生产决定人口生产，人口生产反作用于物质资料生产。物质资料包括生产资料和消费资料，人口包括生产性的劳动力人口和消费性的全体人口，因而，社会生产资料与劳动力人口之间的比例结构协调及其社会消费资料与总人口之间的比例结构协调，是两种生产协调发展的主要内容。两种生产之间的相互适应，包括其数量、质量和结构之间相互适应三个基本维度。资本主义在内的私有制社会难以实现两种生产的协调发展，存在着人口压迫生产力或生产力压迫人口的矛盾，只有社会主义或共产主义公有制社会才能做到两种生产协调发展，像对物的生产有计划调节一样，对人口生产也可以进行有计划的调节。随着当今社会的经济现代化、城镇化的水平提高以及生态环境压力增大，非生产性的服务业比重增大，两种生产之间的矛盾已经转换成人口与经济、资源、环境及其社会发展之间的矛盾，但马克思主义两种生产协调发展规律依然是我们研究人口结构问题的基本理论依据。

2.3 社会结构是人口结构及特征的表现形式

2.3.1 人口问题的本质是社会问题

马克思将人视为自然的人和社会的人的统一，并指出"人的本质不是单个人所固有的抽象物，在其现实性上，它是一切社会关系的总和"，(《马克思恩格斯选集》第 1 卷，第 135 页) 指明了人口的社会属性，从根本上扬弃了将人口看作生物实体的论断。马克思主义认为，人口是一切社会行为和社会活动的主体，人口在社会发展中有重要作用。"历史唯物主义肯定了物质财富直接生产者即劳动群众在社会发展中的决定作用。"人的发展与社会进步相互依赖、相互作用、相互促进。斯大林认为，"人口的增长对社会的发展有影响，它促进或者延缓社会的发展。"人口增长可以加速或延缓社会的发展，当人口增长与经济增长相适应时，就可以加速社会的发展，反之，则会延缓社会的发展。马克思主义明确地反对马尔萨斯人口理论，认为马尔萨斯所谓的人口变动规律只存在于动植物界，资本主义社会所存在的人口贫困和人口过剩问题不能从自然规律去解释，而只能从社会规律去解释。

2.3.2 人口结构外化为社会结构形式

马克思认为人是社会关系的总和，"人是最名副其实的政治动物，不仅是一种合群的动物，而且是只有在社会中才能独立的动物"。(《马克思恩格斯全集》第 46 卷（上），第 21 页）从来没有离开人口的社会关系，也从来没有离开社会关系的人口；在阶级社会中，人口具有阶级性。因此，必须把阶级社会中的人口，区分为不同阶级的人口，不能离开阶级来谈人口。资本主义社会的人口主要由资产阶级、地主阶级和无产阶级（或工人阶级）构成。从城乡人口分布来看，马克思主义认为，产生城市的决定性因素是分工，"物质劳动和精神劳动的最大一次分工，就是城市和乡村的分离。……它贯穿着全部文明的历史并一直延续到现在。……城市本身表明了人口、生产工具、资本、享受和需求的集中这个事实，而在乡村则是完全相反的情况：孤立和分散。"·(《马克思恩格斯选集》第 1 卷，第 104 页）列宁认为，"城市是经济、政治和人民生活的中心，是前进的主要动力。"(《列宁全集》第 19 卷，第 264 页）马克思主义经典作家在这里所论述的城市化主要是指人口的城市化，也就是狭义的城市化，人口城市化是城市化理论的核心内容，表现为乡村人口向城市不断聚集的过程、城市人口从事的职业、城市人口与政治经济文化的关系等。人口城市化的过程同时也是人口迁移的过程，劳动力人口的流动性也是资本主义社会化大生产的必要条件之一。恩格斯在《英国工人阶级状况》中指出，在资本主义生产方式下，"工业的迅速发展产生了对人手的需要；工资提高了，因此，工人成群结队地从农业地区涌入城市。人口以令人难以相信的速度增长起来"。(《马克思恩格斯选集》第 2 卷，第 296 页）同时，农业革命也会导致农村人口向城市的流动和迁移，农业有机构成提高，使农民变得越来越过剩。在《强迫移民》一文中，马克思对英国 1847 年至 1852 年年中的移民状况进行了分析，他认为，当时英国大批移民迁往北美"不是由淘金狂引起的移民，而是由于大地主占有制和土地的集中，由于使用机器耕种土地和大规模采用现代农业耕作法而引起的强迫移民。"(《马克思恩格斯全集》第 8 卷，第 618 页）资本主义生产力大大发展，机器操作代替了手工劳动，迫使工人失业，亦无谋生之路；大农场排斥、吞并小农场，迫使大批小农破产，迫使大批人口移迁，使人口在地区间、国际间流动。资本主义社会的移民问题与古代正好相反，"现在，不是人口压迫生产力，而是生产力压迫人口"。(《马克思恩格斯全集》第 8 卷，第 619 页）人口包括两大特征——数量和结构，人口结构可以分为自然结构、地域结构、社会结构；社会结构是对人口结构及特征的表现，能够反映出社会的经济发展关系；人口在三次产业间的分布与就业选择反映为社会结构、就业结构。社会结构可以分为三个层次理解，宏观的社会结构是人与自然的关系，中观的社会结构是指人类在社会中所形成的关系，微观的社会结构指人在社会生产中所形成的具体社会关系，暗含着社会结构是人口结构的外在表现形式，体现着人口结构的特征。城乡二元结构是对人口结构的城乡分布特征的表现，我国社会结构转型的关键在于二元结构，推进户籍制度改革、促进城乡发展融合可以促进城乡二元结构向一元化结构转变。

2.3.3 人口老龄化加深是人口结构转型的标志

马克思主义关于"两种生产"的原理，揭示了人口发展和经济发展之间的本质联系；应对社会转型期老龄化问题的基础应是对人口老龄化和经济社会发展关系进行正确的判断和总体把握；老龄化并非会对经济社会发展产生灾难性的影响。马克思从生产方式上说明了人的本质属性是人的社会属性，……由于社会生产方式不同，生产力水平也就不同，生产力水平的变化会影响人口的出生率、死亡率、人口素质、人口生产和再生产等。自2000年我国社会步入老龄化，社会结构体现出人口老龄化的特征，老年人口数量增加和老年抚养比提高，家庭结构由大家庭向小家庭转变。此外，人口结构变化还会进一步影响消费结构与经济产业发展。人的自然属性决定了老龄人口存在的必然性，但从社会属性角度和人的本质而言，老龄人与其他年龄阶段的人是毫无差别的，理应得到社会的尊重和保护。人口老龄化作为一种经济社会现象，归因于两个基本因素。一是人口平均预期寿命的延长，这与世界整体经济水平和科学技术水平提高相关；二是生育率维持在低位数，这与人的生育观念和生育意愿相关。两个因素都是生产力提高推动社会进步的必然结果，是经济社会发展的必然趋势。内生性人口负增长主要由低生育率驱动，是长期累积的人口负增长势能持续释放的结果，加之生育率难以回升至更替水平之上，负增长势能进一步累积，人口负增长的持续时间一般较长，负增长趋势短期内不可逆。2022 年是中国人口发展史上具有里程碑意义的一年，中国正式步入人口转变完成后的人口负增长时代，标志着我国从几百年甚至几千年的人口趋势性正增长转变为长期性负增长，是时代性和历史性的人口大事件。中国在 2022 年及今后的人口负增长既是人口发展客观规律的表现，也是经济社会发展的必然结果。国际经验也表明，只要一个国家（地区）的总和生育率低于并长期维持在更替水平以下，其或早或晚都会进入人口负增长阶段。中国未来将面临较长时间的内生性人口负增长，已有人口预测结果揭示，中国人口一旦开始负增长，其趋势在 21 世纪内难以逆转。

马克思主义认为，人的本质属性是社会属性，是一切社会关系的总和，人口规律是一种社会规律。人口结构外化为社会结构形式，在阶级社会中，人口具有阶级性；物质劳动和精神劳动的分工，导致城市和乡村的分离和城乡人口的分野，工业化、资本集中和收入预期加速了农村人口向城市（甚至国外）的转移、集聚；第二产业和第三产业快速成长，第一产业——农业地位降低，农村逐渐空心化、边缘化。第二次世界大战以后，随着西方资本主义国家相继完成工业化、城市化，人均收入水平逐渐提高，生育率持续降低，最终迎来人口结构的重大变化——人口老龄化。我国改革开放后迅速的经济转型和人口转变，推动了经济社会跨越式发展，人均收入和人均寿命都得到大幅提高，但目前却面临着严峻的人口结构问题：老龄化加速与持续的低生育水平并存，如何有效地提升生育率是关键，我们必须以马克思主义人口（结构）理论为指导，发挥社会主义制度下人民群众的主体作用和政策协同效应，逐步摆脱低生育陷阱。

2.4　马克思主义人口结构理论中国化研究

马克思主义人口结构理论不仅在于它的科学性，而且在于它活的灵魂，即开放性、与时俱进性，特别是对人口大国——中国，其对人口发展的实践指导，绽放出马克思主义人口结构理论与中国人口实践相结合的时代光辉。

2.4.1　人口结构理论活的灵魂在于指导人口实践

人口生产要和物质资料生产相互适应亦即"均衡"是加诸各个地域、一切社会之上的普遍发展规律，发现这一规律并不是马克思主义者的最终目的，掌握并正确运用这一规律能动地改造客观世界才是主要目标。按照马克思主义的人口调整理论，由于社会的生产方式不同，人口的发展规律也不同，我国的人口规律及生产方式要与我国目前的社会生产方式相匹配。马克思、恩格斯在对资本主义社会产生、运行、发展规律的深刻分析中，形成了完整的、科学的人口理论体系，马克思主义人口理论为我国制定和实施人口政策提供了重要的理论依据。人口的生产与物质资料的生产相适应是一切社会都需要遵循的规律，人口的生产规律生育方式要与其现有的物质资料的生产方式相适应。在新中国成立初期，有学者认为，人口不断迅速增长，人民物质文化福利提高，这正是社会主义人口规律的实质（赵靖，1955）。人口与社会生产方式之间存在着紧密的联系，人口的发展要根据社会生产方式来界定，只有认识人的本质，才能真正把握人口的运动规律；社会主义生产方式下，并不是要求人口数量的无限增长但却要求人口的质量不断提升。马克思主义的人口理论与社会发展相结合，任何国家的人口理论及生育方式都是为该国的政治经济而服务的，经济基础决定上层建筑，国家在制定人口政策时需要考虑到本国的社会生产方式与经济发展程度。要解决适龄人口生育意愿不足、人口增长乏力等问题，破解中国当前人口增长的困境，我们首先要到马克思主义的人口再生产理论那里寻找答案。

2.4.2　有计划有意识的优化人口结构是公有制的实现形式

马克思、恩格斯认为，人是一切社会活动的主体，是生产者和消费者的统一体，我们不能割裂两者的关系，应当坚持实事求是的原则，有计划地调节人口增长，从而更好地发挥人的生产力和消费力的作用。人口调节理念的提出，是马克思、恩格斯将"两种生产"理论与实践结合，以"均衡"发展思想来指导实践的生动体现，它事实上回答了：资本主义通过人口相对过剩强制地达到均衡状态，与之相对，社会主义以及共产主义如何积极地寻求"两种生产"均衡发展？在共产主义社会生产方式下，生产资料是共有的，可以通过计划调节人口的增长。(《马克思恩格斯全集》第 35 卷，第 145－146 页) 中国的人口生产实践正是以"两种生产"理论为指导，探索在社会主义条件下解决中国人口问题的理论体系、方法和政策。经济结构决定着劳动力的人口结构，随着我国经济现代化、工业化水平的提高，经济结构的调整，劳动力人口结构需要与之相匹配的数量和质量。社会的经济结构对劳动力的人口结构产生影响，经济发展的过程需要对劳动力的质量提出要求。党的十一届三中全会后，针对我国两种生产存在的尖锐矛盾，党中央提出计划生育政策，通过国家主导的强制政策来控制人口数量、提高人口素质、调整人口结构，并以此来推进经济发展、实现国家现代化；党的十六大以来，党中央提出的以人为本的科学发展观使中国特色社会主义人口理论价值取向实现了向目的论和民本主义的转向；党的十八大以来，"单独两孩"政策和"全面二孩"政策出台，彰显了中国共产党解决人口问题的价值取向。为了积极应对人口老龄化的现实需要，党的十九届五中全会应势而为地将三孩政策上升至国家战略。我国实施三孩政策，就是要鼓励生育，优化人口结构，促进人口长期均衡发展。

2.4.3　用中国特色社会主义人口理论调适人口结构

马克思主义认为，人口的生产及规律是由社会的生产方式决定的，不同的社会生产方式会有不同的人口增长及过剩人口增长的规律，人口的生产规律与特征并不是一成不变的，社会生产方式所处的阶段不同，相应的人口规律也呈现出不同的特征。(《马克思恩格斯全集》第 46 卷下，第 104－106 页) 中国共产党人将马克思恩格斯人口理论运用到我国的人口政策制定中，推进了马克思恩格斯人口理论的中国化进程。中国特色社会主义人口理论就是马克思主义人口理论和改革开放以来中国人口治理实践相结合的产物，是马克思主义人口理论在中国发展的新阶段。我国现行人口政策调整的方向应从强调数量转变到结构与质量，调整的目的主要是解决中国的人口老龄化、男女性别比例失调、人口红利消退、低生育率水平等社会经济现实问题，实现人口与经济的协调发展。基于马克思主义人口理论，我们可从完善生育配套政策、着力提高人口素质、开发老龄人力资源、夯实养老财富储备、大力发展老龄产业、完善养老服务体系等方面探寻应对人口老龄化的具体对策。第七次全国人口普查结果表明，我国人口在总量偏多的情况下结构发生了明显的失衡。通过深化改革，将人口结构的性别结构失衡、年龄结构失衡、城乡结构失衡、区域结构失衡等不良状态调整过来，让我国的人口生产与再生产处于稳健均衡态势，为我国高质量发展中扎实推进共同富裕奠定坚实的优质结构和合理的人力资源基础。新中国成立以来，我国人口政策的调整和实施，一方面体现了中国共产党基于马克思主义人口理论，根据经济社会发展变化适时调整人口政策、解决人口问题，从而不断丰富和发展马克思主义；另一方面体现了中国共产党以马克思主义为指导，以人民利益为根本利益出发点，注重人民利益与国家利益相统一的智慧和先进性。习近平总书记指出："人类社会至今仍然生活在马克思所阐明的发展规律之中。"用马克思人口理论指导我国人口发展没有过时。

新中国成立后特别是改革开放以来，中国共产党把马克思主义人口理论与中国人口发展具体实践相结合，为我国制定和实施人口政策提供了重要的理论依据，实现了马克思主义人口理论中国化，形成了中国特色社会主义人口理论，尊重并科学运用社会主义人口规律，开创了世界大国人口结构优化调整的新局面，从20世纪70年代起实施的控制人口数量、提高人口素质和调整人口结构，到目前的鼓励三孩生育、优化人口结构和促进人口长期均衡发展，用半个世纪的时间完成了西方国家200多年才能完成的经济结构转型和人口结构转变。随着国民收入大幅提高，人均寿命延长，中国成为全球经济大国站在了世界经济舞台的中央，彰显了马克思主义理论的光辉和中国特色社会主义制度的优越性。

2.5　结论

马克思主义极大推进了人类文明进程，至今依然是具有重大国际影响的思想体系和话语体系；马克思主义不仅深刻改变了世界，也深刻改变了中国。新中国成立后特别是 20 世纪 80 年代以来，我国学术理论界坚持运用马克思主义唯物辩证法基本观点分析解决中国人口问题，对马克思主义人口结构理论中国化做出了巨大贡献。在马克思人口结构理论中国化的过程中，对马克思人口理论和人口规律的认识也在不断地深化，党和政府相继出台了符合中国国情的人口发展战略和政策主张，从而在实践中弘扬和发展了马克思主义的人口结构理论。同时，中国的人口结构理论和政策实践体系的建立，是对马克思主义科学人口理论的系统创新和发展。目前，我国面临着人口老龄化、生育率偏低、劳动力（产业、地域、城乡）分布不均衡和人口负增长等新的人口结构问题，相信在马克思主义科学人口结构理论指引下，在全党、全国各族人民的共同努力下，通过综合施策和新的婚育环境建设，我国尖锐的人口结构问题将会逐步得到缓解。

第3章 西北五省（区）人口结构变化分析

人口结构变化十分复杂，既有人口自然增长所引起的自然变化，如年龄结构和人口性别，也有政治、经济、教育、移民等变化所引起的人口结构变化。改革开放以前的计划经济时代，除人口结构自然变动为主体外，国家还通过"一五"到"五五"计划以及"三线建设"等计划调节手段，向西北地区支援建设了大量企业、高校、中专和医院等，输送了大量各级各类人才，奠定了西北地区的工业基础和较为完整的国民经济体系，提升了人口素质，改善了人口结构。改革开放以后，随着市场化、工业化、城镇化与信息化的不断推进，人口流动的数量和范围日趋扩大，西北地区的产业结构和人口结构得到持续改善。

本研究的数据来源：

• 《新中国五十年统计资料汇编》，作者：国家统计局国民经济综合统计司，中国统计出版社，1999 年 11 月；

• 《中国人口和就业统计年鉴 2021》，作者：国家统计局人口和就业统计司，中国统计出版社，2021 年 12 月；

• 《中国统计年鉴》，中国统计出版社；

• 国家统计局网站；

• 《新中国人口六十年》，作者：路遇，翟振武，2009 年 12 月，中国人口出版社。

3.1　新中国成立后西北五省（区）人口结构变化情况

3.1.1　人口数量变化概览

1950—2020 年西北五省（区）年末人口数量变化情况见图 3-1。在 1978 年以前，西北五省（区）的人口数量总体增长较快，但也有跌宕起伏，比如，1960 年因自然灾害的影响，人口数量的增长速度有所下降。在 1978 年之后人口数量的增长速度相对放缓。陕西省的人口数量是西北五省（区）之中最多的，然后依次是甘肃、新疆、宁夏和青海。

以 1978 年为分水岭，西北五省（区）的人口增长率出现大幅变化，主要归因于计划生育政策的实施和改革开放的推进，这两大战略措施的落实，都对人口数量增长起到了抑制作用。2020 年陕西省的人口总数达到了 3955 万人，约为青海省人口数量的 6.7 倍，约为宁夏省人口数量的 5.5 倍，见表 3-1。

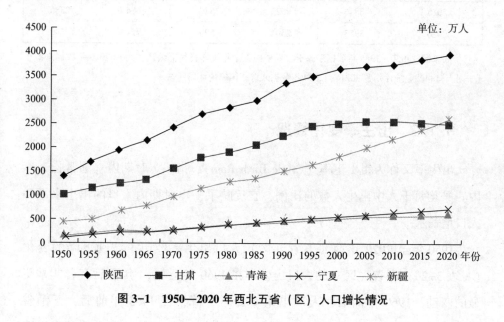

图 3-1　1950—2020 年西北五省（区）人口增长情况

表 3-1 1950—2020 年西北五省（区）年末人口数量

单位：万人

年份	陕西	甘肃	青海	宁夏	新疆
1950	1400	1013	152	126	444
1955	1716	1155	179	165	512
1960	1944	1244	249	213	686
1965	2144	1345	230	227	789
1970	2428	1586	283	277	977
1975	2692	1804	337	328	1155
1980	2831	1918	377	374	1283
1985	3002	2053	407	415	1361
1990	3316	2255	448	470	1529
1995	3514	2438	481	513	1661
2000	3644	2515	517	554	1849
2005	3690	2545	543	596	2010
2010	3735	2560	563	633	2185
2015	3846	2523	577	684	2385
2020	3955	2501	593	721	2590

资料来源：1950—1985 年数据来源于《新中国五十年统计资料汇编》，1990—2020 年数据来源于《中国人口和就业统计年鉴 2021》，2000 年数据来源于国家统计局网站。

3.1.2 出生率变化情况

出生率又称为粗出生率（Crude Birth Rate），指一定时期内（通常指 1 年内）平均每千人中出生人数的比例，它反映了一定时期内人口的出生水平和人口增长水平。

1950 年至 2020 年西北五省（区）人口出生率经历了波动下降的变化（见表 3-2）。五省（区）的人口出生率在 1960 年至 1964 年前后有着非常明显的变动。1960 年前后，人口出生率异常下降，在 1965 年前后，五个省（区）的人口出生率均达到了一个峰值，之后在 1965 年到 1980 年之间又迅速地下降，其中，甘肃的人口出生率下降得最快。1980 年之后，五个省（区）

的出生率差异不大，基本维持在一个相对稳定的低水平。

　　1965年前后人口出生率之所以出现异常起伏，主要是受三年自然灾害影响，人口死亡率大幅上升，1962年之后形成的第二次生育高峰，既带有补偿性生育的特征，又是第一次生育高峰的延续。1990年左右形成第三次生育高峰，原因在于当时人口的年龄结构，即育龄妇女，特别是旺育年龄妇女在总人口中所占的比重较高。到第三次生育高峰结束时，我国人口又达到了一个新的台阶。

　　20世纪80年代以来，五省（区）出生率呈现稳定下降态势，是计划生育政策和市场化加深共同作用的结果。

表3-2　1950—2020年西北五省（区）出生率情况

单位：‰

年份	陕西	甘肃	青海	宁夏	新疆
1950	38.20	32.00	30.50	40.32	30.09
1955	29.83	28.81	35.93	34.90	30.67
1960	27.68	15.33	13.07	16.58	28.13
1965	34.71	45.30	48.72	48.08	41.65
1970	29.28	39.43	40.06	40.27	36.63
1975	21.70	20.96	31.95	36.50	33.10
1980	15.16	16.53	21.14	24.96	21.28
1985	16.09	18.31	14.21	17.18	19.80
1990	23.48	20.68	24.34	24.34	26.44
1995	15.93	20.65	22.01	19.28	18.90
2000	12.50	14.38	19.25	16.49	17.57
2005	10.02	12.59	15.70	15.93	16.42
2010	9.73	12.05	14.94	14.14	14.85
2015	10.10	12.36	14.72	12.62	15.59
2020	8.95	10.55	11.43	11.59	6.94

　　资料来源：1950—1985年数据来源于《新中国五十年统计资料汇编》；1990—2020年数据来源于《中国人口和就业统计年鉴2021》；2000年数据来源于国家统计局网站。

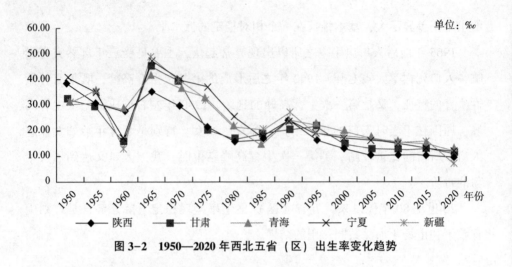

图 3-2　1950—2020 年西北五省（区）出生率变化趋势

3.1.3　死亡率变化情况

随着经济的迅猛发展、医疗卫生事业的进步和人民生活水平的提高，西北五省（区）的人口死亡率也在缓慢下降。1960 年青海、甘肃人口死亡率的异常增加是由三年自然灾害造成的。1965—1970 年西北五省（区）的人口死亡率出现了大幅度的下降，1970—2020 年西北五省（区）的死亡率并无突出的变化。1950—2020 年，陕西人口死亡率下降了 42.7%，甘肃下降了 28.1%，青海下降了 53.2%，宁夏下降了 71.4%，新疆下降了 72.6%，新疆的人口死亡率下降幅度最大。具体参见表 3-3 和图 3-3。

表 3-3　1950—2020 年西北五省（区）死亡率变化情况

单位：‰

年份	陕西	甘肃	青海	宁夏	新疆
1950	12.40	11.00	14.20	20.58	19.92
1955	10.54	11.89	14.60	10.24	14.40
1960	12.27	41.32	40.73	13.90	15.67
1965	13.01	12.30	9.06	9.29	11.08
1970	6.80	7.92	7.52	6.63	8.17

续表

年份	陕西	甘肃	青海	宁夏	新疆
1975	8.16	7.42	8.24	7.77	8.74
1980	6.97	5.15	5.61	4.72	7.62
1985	5.99	5.46	4.58	3.88	6.39
1990	6.52	6.20	7.47	5.52	7.82
1995	6.57	6.49	6.89	5.49	6.45
2000	6.36	6.41	6.15	4.57	5.40
2005	6.01	6.57	6.21	4.95	5.04
2010	6.01	6.02	6.31	5.10	4.14
2015	6.28	6.15	6.17	4.58	4.51
2020	7.11	7.91	6.65	5.88	5.46

资料来源：1950—1985 年数据来源于《新中国五十年统计资料汇编》，1990—2020 年数据来源于《中国人口和就业统计年鉴 2021》，2000 年数据来源于国家统计局网站。

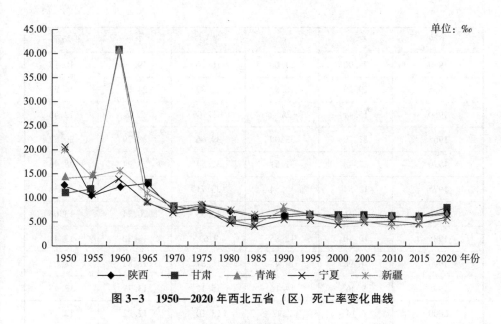

图 3-3　1950—2020 年西北五省（区）死亡率变化曲线

3.1.4　人口自然增长率变化情况

自然增长率是指一年内人口自然增长数与年平均总人数之比，是衡量人口增长的重要指标。人口自然增长率以年为单位，一般用千分率表示，自然增长率=人口出生率-人口死亡率。在目前的低生育水平下，各省（区）的人口增长率，更多地受到人口迁移或流动数量的直接影响。经济发展快的地方，外来人口（移民）增多，反之亦相反。如城乡二元经济结构下的人口主要由农村向城市流动，由欠发达地区向发达地区流动。

总体来看，西北五省（区）的人口自然增长率以 1965 年为分界点，1965年之前增速较快，1965 年之后增速逐年减缓。2005—2015 年，新疆的人口增长率在五省（区）中相对较高，既受生育率和死亡率影响，更受经济发展移民增多的影响。2015 年中共中央和国务院宣布实施"全面两孩"生育政策，经过2016 年、2017 年短暂的增幅以后，人口出生率逐渐下降，2020 年初新冠疫情的暴发严重抑制人们的生育计划，导致了年末的出生人口大幅下降（见表3-4）。

表 3-4　1950—2020 年西北五省（区）人口自然增长率变化情况

单位：‰

年份	陕西	甘肃	青海	宁夏	新疆
1950	25.90	21.00	16.30	19.74	10.17
1955	19.29	16.92	21.87	24.66	16.27
1960	15.41	(-25.79)	(-27.66)	2.68	12.46
1965	21.70	33.00	39.66	38.79	30.57
1970	22.48	31.51	32.54	33.94	28.46
1975	13.54	13.54	23.71	28.73	24.36
1980	8.19	11.38	15.53	20.24	13.66
1985	10.10	12.85	9.63	13.30	13.41
1990	16.96	14.48	16.87	18.82	18.62
1995	9.36	14.16	15.12	13.79	12.45
2000	6.14	7.97	13.10	11.92	12.17
2005	4.01	6.02	9.49	10.98	11.38
2010	3.72	6.03	8.63	9.04	10.71

年份	陕西	甘肃	青海	宁夏	新疆
2015	3.82	6.21	8.55	8.04	11.08
2020	1.84	2.64	4.78	5.71	1.48

资料来源：1950—1985 年数据来源于《新中国五十年统计资料汇编》，1990—2020 年数据来源于《中国人口和就业统计年鉴 2021》，2000 年数据来源于国家统计局网站。

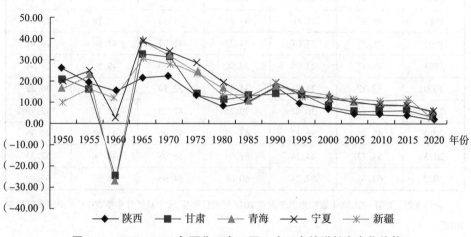

图 3-4　1950—2020 年西北五省（区）人口自然增长率变化趋势

3.1.5　西北五省（区）新中国成立后历年城镇化率变化情况

城镇化率是指一个地区城镇常住人口占该地区常住总人口的比例。城镇人口包括设区市的城市人口、镇区及镇政府所在地村委会（居委会）的人口、通过道路建筑物与镇区连接的村委会的人口。常住人口是指"当地的户籍人口+外来半年以上的人口-外出半年以上的人口"。

从表 3-5、图 3-5 中可以明显看出 1978—2020 年西北五省（区）城镇化率的变化走势。1978—2020 年，除甘肃以外，其他几个省份的城镇化率起伏较大，表现出先升后降的趋势。且 1980—2000 年间，除甘肃外，其他几个省份的城镇化率都高于全国平均水平。2000 年以后，西北五省（区）城镇化率稳步上升，且宁夏的城镇化率在 2015 年超过了全国城镇化率。甘肃省的城镇化率是五个省份里面最低的。

表3-5　1978—2020年西北五省（区）城镇化率变化情况

单位：‰

年份	陕西	甘肃	青海	宁夏	新疆	全国
1978	16.34	14.41	18.59	20.54	26.07	17.92
1980	18.44	15.15	19.82	21.19	29.05	19.39
1985	38.87	17.86	33.81	35.32	42.78	23.71
1990	45.27	22.01	34.23	41.32	44.86	26.41
1995	49.47	23.05	33.90	49.10	49.51	29.04
2000	32.27	24.01	34.76	32.54	33.75	36.22
2005	37.24	30.02	39.25	42.28	37.15	42.99
2010	45.70	36.12	44.72	47.96	43.01	49.95
2015	54.73	44.24	51.67	56.98	48.78	57.33
2020	62.65	52.23	60.08	64.96	56.53	63.89

资料来源：1978—2020年数据来源于五省2022年统计年鉴、《宁夏统计年鉴2010》《中国统计年鉴2022》。

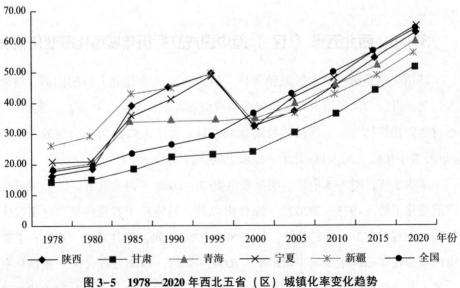

图3-5　1978—2020年西北五省（区）城镇化率变化趋势

3.2 西北五省（区）人口年龄结构变化情况

人口年龄结构亦称人口年龄构成，是指各个年龄组人口数量在总人口中所占的比重或百分比。年龄是人口基本的自然属性。各个年龄组的人口在总人口中所占的比重就构成该人口的年龄结构。人口年龄结构包括：（1）现有人口中育龄人口与非育龄人口比例；（2）劳动年龄人口与非劳动年龄人口比例，按照国际口径，15～64 岁为劳动年龄人口；（3）少年儿童人口与老年人口比例，65 岁及以上的为老年人口，14 岁以下的为少年儿童人口。

从表 3-6 和图 3-6 中可以看出，就陕西 1950—2020 年人口年龄结构变化来看，少年儿童人口比重从 1950 年的 32.8%，波动上升到 1964 年的 41.3%、1982 年的 33.1%，然后下降到 2015 年的 14.1%，到 2020 年上升到 17.3%；劳动年龄人口比重从 1950 年的 64.0%，波动上升到 1990 年的 66.0%，2010 年达到峰值 76.8%，之后下降到 2020 年的 69.4%；老年人口比重从 1950 年的 3.2% 缓慢上升到 1999 年的 7.1%（标志进入老年社会），2015 年上升到 10.1%，2020 年达到 13.3%。陕西省少年儿童人口比例呈现持续下降趋势，劳动年龄人口比例也在缓慢下降，而老年人口比例呈现持续上升趋势。

我国现行法定的劳动人口年龄是 15～59 岁，老年人口年龄是 60 岁及以上，与国际人口年龄构成有所区别，但其所反映的规律性和趋势是一致的。在此，借助 2020 年第七次全国人口普查结果，对近年来陕西省人口结构变化情况进行分析。

2020 年，陕西省常住人口为 3952.9 万人，其中，0～14 岁人口占 17.33%；15～59 岁人口占 63.46%；60 岁及以上人口占 19.20%，其中 65 岁及以上人口占 13.32%。与 2010 年第六次全国人口普查结果相比，0～14 岁人口的比重增加了 2.62 个百分点，15～59 岁人口的比重下降了 8.98 个百分点，60 岁及以上人口的比重增加了 6.35 个百分点，65 岁及以上人口的比重增加了 4.79 个百分点。可见，2010—2020 年，陕西省的劳动年龄人口比重降幅较大（8.98%），老龄人口比重增幅较大（4.79%），少儿人口小幅增加（2.62%）。

表 3-6　1953—2020 年陕西省人口年龄结构情况

单位：%

年份	0~14 岁人口比重	15~64 岁人口比重	65 岁及以上人口比重
1953	36.71	59.25	4.04
1964	41.26	55.23	3.51
1982	33.06	62.40	4.57
1990	28.88	66.98	5.15
1995	28.88	65.40	5.72
2000	25.02	69.04	5.94
2005	19.76	71.66	8.58
2010	14.71	76.76	8.53
2015	14.11	75.78	10.11
2020	17.33	69.35	13.32

资料来源：1950 年数据来源于《新中国人口六十年》，其他年份数据均来源于《陕西统计年鉴 2022》。

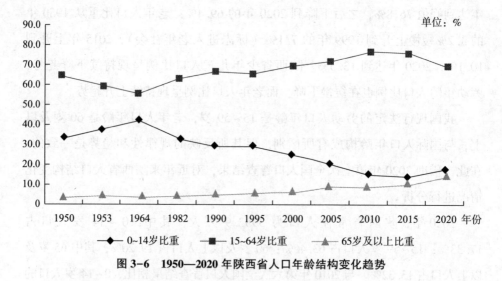

图 3-6　1950—2020 年陕西省人口年龄结构变化趋势

　　甘肃省的人口年龄结构变化情况类似于陕西省，不再赘述，见表 3-7 和图 3-7。在此，借助 2020 年第七次全国人口普查结果，对近年来甘肃省人口结构变化情况进行简要分析。

　　2020 年，甘肃省常住人口为 2501.98 万人，其中，0~14 岁人口占 19.40%；

15~59 岁人口占 63.57%；60 岁及以上人口占 17.03%，其中，65 岁及以上人口占 12.58%。与 2010 年第六次全国人口普查相比，0~14 岁人口的比重上升了 1.24 个百分点，15~59 岁人口的比重下降了 5.83 个百分点，60 岁及以上人口的比重上升了 4.59 个百分点，其中 65 岁及以上人口的比重上升了 4.35 个百分点。

表 3-7　1953—2020 年甘肃省人口年龄结构情况

单位：%

年份	0~14 岁人口比重	15~64 岁人口比重	65 岁及以上人口比重
1953	39.56	57.35	3.09
1964	40.18	57.75	2.07
1982	36.32	60.19	3.49
1990	27.97	67.97	4.06
2000	27.00	68.00	5.00
2005	23.42	69.35	7.23
2010	18.16	73.61	8.23
2015	19.96	74.48	8.56
2020	19.40	68.02	12.58

资料来源：除 1950 年以外，其他年份数据来源于《甘肃发展年鉴 2022》，1950 年数据来源于《新中国人口六十年》。

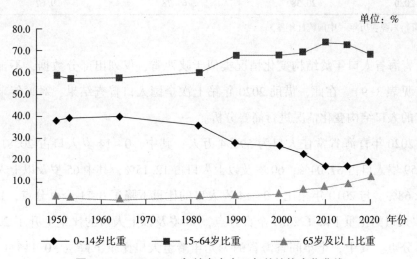

图 3-7　1950—2020 年甘肃省人口年龄结构变化曲线

宁夏回族自治区人口年龄结构变化情况类似于陕西省，不再赘述，仅列出 2000 年以后的部分数据（见表 3-8）。在此，借助 2020 年第七次全国人口普查结果，对近年来宁夏的人口结构变化情况进行简要分析。

2020 年宁夏全区常住人口为 720.27 万人，0~14 岁人口占 20.4%；15~59 岁人口占 66.09%；60 岁及以上人口占 13.53%，其中 65 岁及以上人口占 9.62%。与 2010 年第六次全国人口普查结果相比，0~14 岁人口的比重降低了 1.05 个百分点，15~59 岁人口的比重降低了 2.85 个百分点，60 岁及以上人口的比重上升了 3.95 个百分点，65 岁及以上人口的比重上升了 3.27 个百分点。其中，十年间宁夏的少儿年龄组人口比重下降（-1.05%）值得关注。

表 3-8　2000—2020 年宁夏人口年龄结构变化情况

单位：%

年份	0~14 岁人口比重	15~64 岁人口比重	65 岁及以上人口比重
2000	28.47	67.08	4.44
2005	25.91	68.07	6.02
2010	21.43	72.06	6.35
2015	20.09	72.54	7.36
2020	20.38	69.78	9.62

资料来源：历年《中国统计年鉴》。

青海省人口年龄结构变化情况类似于陕西省，仅列出部分数据，不再赘述（见表 3-9）。在此，借助 2020 年第七次全国人口普查结果，对近年来青海省的人口结构变化情况进行简要分析。

2020 年青海省常住人口为 592.4 万人，其中，0~14 岁人口占 20.81%；15~59 岁人口占 67.04%；60 岁及以上人口占 12.15%，其中 65 岁及以上人口占 8.68%。与 2010 年相比，0~14 岁人口的比重下降了 0.11 个百分点，15~59 岁人口的比重下降了 2.59 个百分点，60 岁及以上人口的比重上升了 2.70 个百分点。其中，十年间青海省的少儿年龄组人口比重下降（-0.11%）值得重视。

表 3-9 2000—2020 年青海人口年龄结构变化情况

单位：%

年份	0~14 岁人口比重	15~64 岁人口比重	65 岁及以上人口比重
2000	26.62	69.05	4.33
2005	24.11	69.85	6.04
2010	20.92	72.78	6.30
2015	19.90	72.73	7.37
2020	20.81	70.51	8.68

资料来源：《青海统计年鉴 2022》。

新疆维吾尔自治区的人口年龄结构变化情况类似于陕西省，不再赘述（见表 3-10）。在此，借助 2020 年第七次全国人口普查结果，对近年来新疆维吾尔自治区的人口结构变化情况进行简要分析。

2020 年新疆全区常住人口为 2585.23 万人，其中，0~14 岁人口占 22.46%；15~59 岁人口占 66.26%；60 岁及以上人口占 11.28%，其中 65 岁及以上人口占 7.76%。

与全国平均水平相比，新疆 0~14 岁少年儿童人口比重比全国平均水平的 17.95% 高 4.51 个百分点；15~59 岁的劳动年龄人口比重比全国平均水平的 63.35% 高 2.91 个百分点；60 岁及以上的老年人口比重比全国平均水平的 18.7% 低 7.42 个百分点，人口的老龄化程度相对较低。新疆现有的人口年龄结构在西北五省（区）中较为年轻，其经济社会发展的人口优势明显。

表 3-10 1990—2020 年新疆人口年龄结构变化情况

单位：%

年份	0~14 岁人口比重	15~64 岁人口比重	65 岁及以上人口比重
1990	32.8	63.4	3.9
2000	27.30	68.17	4.53
2005	23.50	70.00	6.50
2010	20.77	73.04	6.19

续表

年份	0~14 岁人口比重	15~64 岁人口比重	65 岁及以上人口比重
2015	21.82	71.05	7.13
2020	22.46	69.78	7.76

资料来源：2000 年、2010 年、2020 年数据来源于《中国统计年鉴》，其他数据来源于国家统计局网站。

从西北五省（区）的人口年龄结构变化中可以看出，尽管各省（区）有所差别，但其少儿年龄人口比重和劳动年龄人口比重都呈现逐渐下降的趋势，而老龄人口比重都呈现上升趋势。新疆的人口年龄结构相对年轻，有利于经济社会发展。宁夏、青海的少儿年龄人口比重下降较快，生育形势严峻。

3.3 西北五省（区）劳动人口从业结构变化情况

从陕西省 1962—2020 年的劳动人口从业结构变化可知（见表 3-11），第一产业从业人员比重长期高居首位，但呈现出下降趋势。第三产业从业人员比重在 1995 年之前一直处于第三位，但从 1995 年开始超过第二产业。第二产业的从业比重长期偏低，2007—2011 年期间有所上升，但在 2015 年发生了严重下滑，其后增长缓慢（见图 3-8）。

表 3-11 1962—2020 年陕西劳动人口从业结构变化情况

单位：%

年份	第一产业从业人员比重	第二产业从业人员比重	第三产业从业人员比重
1962	83.1	8.8	8.1
1965	82.3	10.3	7.5
1970	79.2	13.1	7.7
1978	71.1	17.9	11.0
1980	71.8	17.2	11.1
1985	64.6	20.9	14.5
1990	64.1	19.2	16.8
1995	60.4	19.5	20.1

续表

年份	第一产业从业人员比重	第二产业从业人员比重	第三产业从业人员比重
2000	55.7	16.5	27.8
2005	48.4	18.6	32.9
2010	41.3	27.0	31.7
2015	45.4	19.3	35.4
2020	30.0	21.0	48.9

资料来源：1962—1970 年数据来源于《新中国五十年统计资料汇编》，1975—2020 年数据来源于《陕西统计年鉴 2022》。

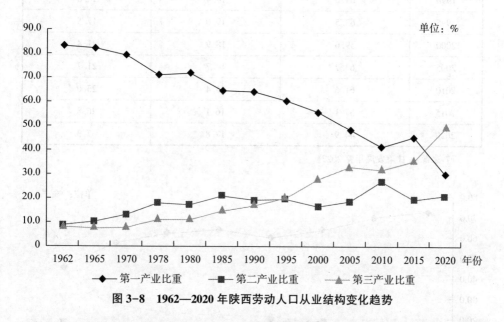

图 3-8　1962—2020 年陕西劳动人口从业结构变化趋势

1959—1961 年我国经历了"三年经济困难时期"，即由于牺牲农业发展工业的政策所导致的全国性的粮食和副食品短缺危机，导致当时从事第一产业的人口数量急剧减少，而第二产业从业人口数量大幅增加。1974 年为尽快改变中部干旱地区农业落后面貌，中共甘肃省委成立"中部地区农业工作小组"，1975 年甘肃上万名知识青年到农村插队落户，大力发展农业手工业，导致第一产业从业人口占比骤增。此后第一产业从业人口比重持续下降，而第二、三产业从业人口比重稳步上升。

从 1985—2020 年甘肃省劳动人口从业结构的变化情况（见表 3-12）可

以看出，从 1985 年开始第三产业从业人口比重逐渐增加并在 2000 年超过第二产业从业人口比重，截至 2020 年第三产业从业人口占 37.3%，第二产业从业人口占 17.8%。在 2004 年第一产业趋势在小幅上涨之后逐渐下降（见图 3-9）。

表 3-12　1985—2020 年甘肃劳动人口从业结构变化情况

单位：%

年份	第一产业从业人员比重	第二产业从业人员比重	第三产业从业人员比重
1985	72.7	14.1	13.2
1990	69.6	14.4	16.0
1995	63.5	19.0	17.5
2000	59.6	18.9	21.4
2005	63.7	14.7	21.7
2010	61.6	15.4	23.0
2015	57.1	16.1	26.8
2020	44.9	17.8	37.3

资料来源：《甘肃发展年鉴 2022》。

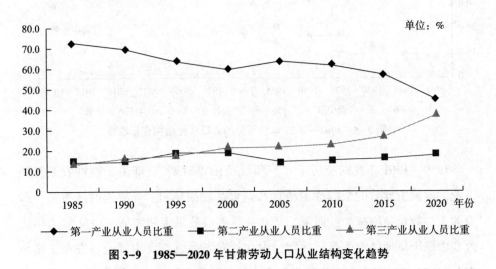

图 3-9　1985—2020 年甘肃劳动人口从业结构变化趋势

从 1950—2020 年宁夏劳动人口从业结构的变化情况（见表 3-13）可以看出，1970 年以后第一产业从业比重逐渐下降，而第二、三产业的从业比重稳步上升。在 2015 年之前，宁夏从事第一产业的从业人口比重都超过了第三产业，1950 年高达 91% 的劳动人口在从事第一产业，而第二产业的从业人口比重仅为 6.4%，第三产业的从业人口比重为 2.7%。

1960 年，我国处于自然灾害时期，从而导致 1960 年前后第一产业的从业人数骤减。1958 年，宁夏回族自治区成立，从而推动了第三产业的发展，使得第三产业从业人数比重增加。1956—1978 年，中国政府组织大量城市"知识青年"上山下乡，为当地带去了许多劳动人口和先进的农业技术。1978 年后，第一产业从业人数平稳下降，第二、三产业的从业人数平稳上升（见图 3-10）。

表 3-13　1950—2020 年宁夏劳动人口从业结构变化情况

单位：%

年份	第一产业从业人员比重	第二产业从业人员比重	第三产业从业人员比重
1950	91.0	6.4	2.7
1955	87.7	9.1	3.3
1960	75.7	14.7	9.6
1965	83.4	9.4	7.3
1970	78.7	14.5	6.8
1975	77.1	15.6	7.4
1980	74.4	16.0	9.6
1985	70.0	17.7	12.3
1990	65.3	17.9	16.8
1995	62.2	18.2	19.5
2000	57.6	18.1	24.3
2005	48.4	22.3	29.3
2010	51.1	18.7	30.2
2015	36.6	23.5	39.9
2020	24.2	23.8	52.0

资料来源：1950—1995 年数据来源于《新中国五十年统计资料汇编》，2000 年、2005 年数据来源于《宁夏统计年鉴 2006》，2010—2020 年数据来源于《宁夏统计年鉴 2022》。

从 1949—2020 年青海省劳动人口从业结构的变化情况（见表 3-14）可以看出，第一产业的劳动人口从业比重波动下降。第二产业劳动人口从业比重在 1960 年受三年自然灾害影响骤增，1970 年以后稳步上升，但上升幅度不

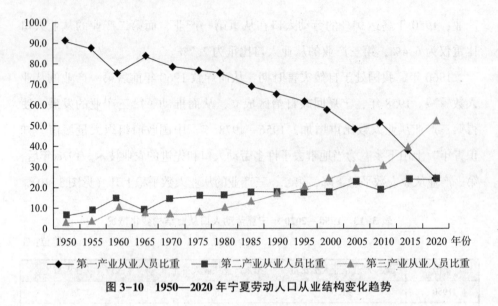

图 3-10　1950—2020 年宁夏劳动人口从业结构变化趋势

大。第三产业的劳动人口从业比重在 1980 年以后稳步上升。总体来看，第一产业劳动人口从业比重远高于第二、三产业劳动人口从业比重，1949 年时高达 87.9% 的劳动人口从事第一产业，而第二、三产业的从业人口合计占12.1%，但是差距在不断缩小，并在 2015 年以后，第三产业从业人员比重超过第一产业从业人员比重。2015 年第一产业从业人员比重占 36.0%，第三产业从业人口比重占 41.1%，并且比重还在持续上升（见图 3-11）。

表 3-14　1949—2020 年青海劳动人口从业结构变化情况

单位：%

年份	第一产业从业人员比重	第二产业从业人员比重	第三产业从业人员比重
1949	87.9	1.1	11.0
1955	82.6	3.1	14.3
1960	64.3	16.3	19.4
1965	84.5	7.1	8.3
1970	82.0	12.0	6.0
1975	77.4	15.6	7.0
1980	68.7	17.9	13.4
1985	61.4	20.1	18.5

续表

年份	第一产业从业人员比重	第二产业从业人员比重	第三产业从业人员比重
1990	60.0	18.8	21.2
1995	56.1	16.9	27.0
2000	55.8	12.6	31.6
2005	49.5	17.4	33.1
2010	41.3	22.6	36.1
2015	36.0	22.9	41.1
2020	25.4	22.2	52.3

资料来源：1949—1985年及以前数据来源于《新中国五十年统计资料汇编》，1990—2020年数据来源于《青海统计年鉴2022》。

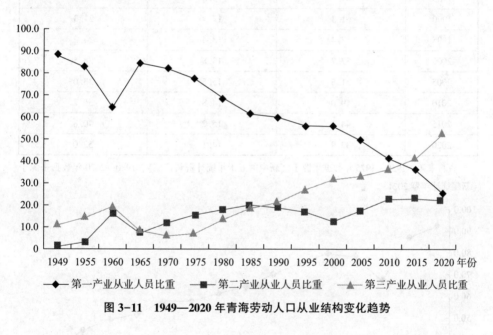

图3-11 1949—2020年青海劳动人口从业结构变化趋势

从1950—2020年新疆劳动人口从业结构的变化情况（见表3-15）可以看出，第一产业劳动人口从业比重逐步下降，从1950年的92.2%下降到2020年的33.9%，第三产业劳动人口从业比重波动上升，从1950年的4%上升到2020年的52%。第二产业劳动人口从业比重在1960年骤增后开始下降，1970年至1995年缓慢上升，2000年以后下降至13.8%，之后保持在相对稳定的比重（见图3-12）。

表 3-15　1950—2020 年新疆劳动人口从业结构变化情况

单位：%

年份	第一产业从业人员比重	第二产业从业人员比重	第三产业从业人员比重
1950	92.2	3.8	4.0
1955	86.9	6.1	7.0
1960	67.1	19.1	13.8
1965	78.0	11.1	10.8
1970	79.5	10.9	9.6
1975	75.4	13.6	11.0
1980	70.0	14.8	15.2
1985	64.2	15.8	20.0
1990	61.3	17.4	21.3
1995	57.4	18.4	24.2
2000	57.7	13.8	28.5
2005	51.5	15.5	33.0
2010	49.0	14.8	36.2
2015	44.1	15.2	40.8
2020	33.9	14.1	52.0

资料来源：1950—1975 年数据来源于《新中国五十年统计资料汇编》，1980—2020 年数据来源于《新疆统计年鉴 2021》。

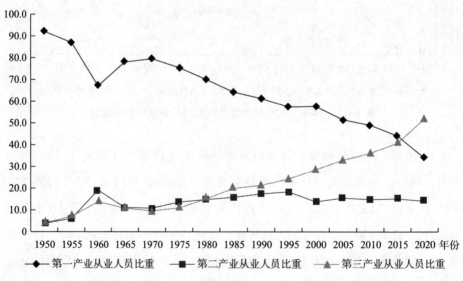

图 3-12　1950—2020 年新疆劳动人口从业结构变化趋势

3.4　西北五省（区）人口教育结构变动状况

从 1990—2020 年的陕西省每十万人拥有的各种受教育程度人口比重（见表 3-16、图 3-13）中可以看出陕西人口教育结构发生的变动趋势，高中和中专、大专及以上学历的人数比重稳步增加，且大专及以上学历的人数比重增加得更快。初中及高中和中专学历人数比重呈现先上升后下降趋势，小学学历人数比重呈现稳步下降趋势。

表 3-16　1990—2020 年陕西每十万人拥有的各种受教育程度人口比重

单位：%

年份	小学	初中	高中和中专	大专及以上
1990	46.9	36.7	13.9	2.5
2000	41.0	39.5	14.6	4.9
2010	26.1	44.7	17.5	11.7
2020	24.2	37.9	17.4	20.5

资料来源：《中国统计年鉴 2001/2011》《第七次全国人口普查公报》。

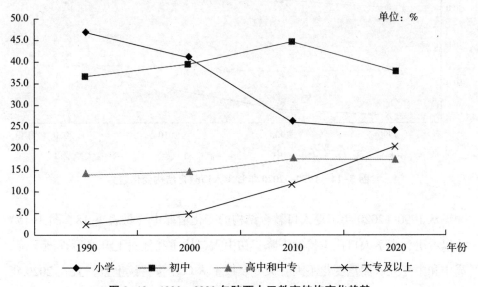

图 3-13　1990—2020 年陕西人口教育结构变化趋势

从 1990—2020 年甘肃省人口教育结构的变化情况中（见表 3-17、图 3-14）可以看出，小学人口比重持续下降，初中人口比重在经过上升之后逐渐下降，高中和中专人口比重变化相对不大，大专及以上人口比重持续上升。

表 3-17　1990—2020 年甘肃每十万人拥有的各种受教育程度人口比重

单位：%

年份	小学	初中	高中和中专	大专及以上
1990	53.0	30.7	14.3	2.0
2000	50.3	32.6	13.4	3.6
2010	38.7	37.2	15.1	9.0
2020	35.2	32.4	15.3	17.1

资料来源：《中国统计年鉴 2001/2011》《第七次全国人口普查公报》。

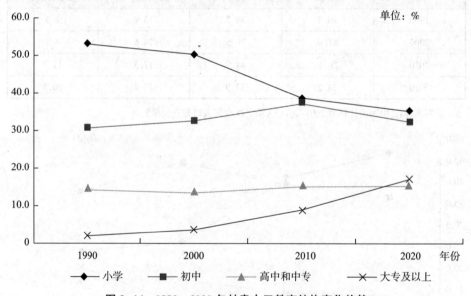

图 3-14　1990—2020 年甘肃人口教育结构变化趋势

从 1990—2020 年宁夏人口教育结构的变化情况中（见表 3-18、图 3-15）可以看出，小学人口比重持续下降，初中人口比重在经过上升之后逐渐下降，高中和中专人口比重变化不大，大专及以上人口比重持续上升，且在 2020 年超过了高中和中专人口比重。

表 3-18　1990—2020 年宁夏每十万人拥有的各种受教育程度人口比重

单位：%

年份	小学	初中	高中和中专	大专及以上
1990	49.6	34.2	13.5	2.7
2000	42.8	37.5	14.7	5.0
2010	35.1	39.6	14.6	10.8
2020	30.2	34.3	15.5	20.0

资料来源：《中国统计年鉴 2001/2011》《第七次全国人口普查公报》。

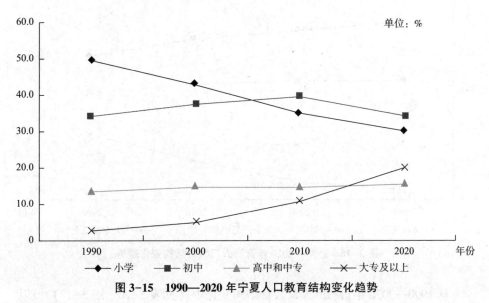

图 3-15　1990—2020 年宁夏人口教育结构变化趋势

从 1990—2020 年青海省人口的教育结构变化中（见表 3-19、图 3-16）可以看出，小学和初中人口比重持续下降，但小学人口比重仍然高于初中人口比重，高中和中专人口比重略有下降，大专及以上人口比重持续上升，且超过了高中和中专人口比重，在 2020 年超过了 5.2%。

表 3-19　1990—2020 年青海每十万人拥有的各种受教育程度人口比重

单位：%

年份	小学	初中	高中和中专	大专及以上
1990	49.0	32.9	15.3	2.8

续表

年份	小学	初中	高中和中专	大专及以上
2000	46.6	32.7	15.7	5.0
2010	44.3	31.8	13.1	10.8
2020	39.7	29.5	12.8	18.0

资料来源:《中国统计年鉴 2001/2011》《第七次全国人口普查公报》。

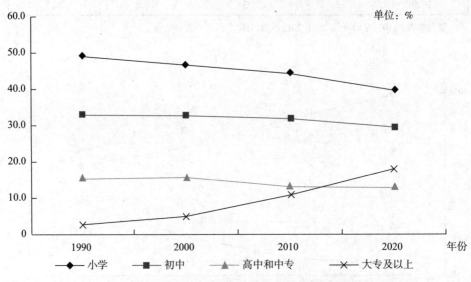

图 3-16 1990—2020 年青海人口教育结构变化趋势

从 1990—2020 年新疆的人口教育结构变化中（见表 3-20、图 3-17）可以看出，小学人口比重持续下降，初中人口比重上升后逐步超过了小学人口比重，在 2010 年超过 6.8%，之后开始下降。高中和中专人口比重变化不大，大专及以上人口比重持续上升，且在 2020 年超过了高中和中专人口比重，超过了 3.7%。

表 3-20 1990—2020 年新疆每十万人拥有的各种受教育程度人口比重

单位:%

年份	小学	初中	高中和中专	大专及以上
1990	52.6	29.8	15.0	2.7
2000	45.9	33.3	14.6	6.2
2010	34.0	40.8	13.1	12.0

续表

年份	小学	初中	高中和中专	大专及以上
2020	31.7	35.2	14.7	18.4

资料来源：《中国统计年鉴2001/2011》《第七次全国人口普查公报》。

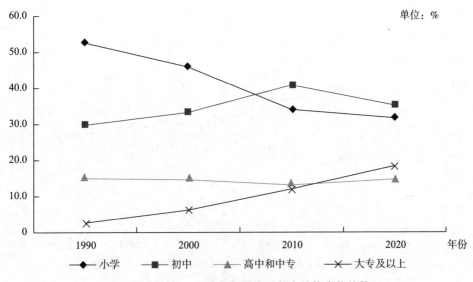

图 3-17 1990—2020 年新疆人口教育结构变化趋势

　　从 1964—2020 年全国的人口教育结构变动中（见表 3-21、图 3-18）可以看出，小学人口比重持续下降，初中人口比重上升后超过了小学人口比重，并在 2010 年超过了 13.6%，之后逐渐下降。高中和中专人口比重缓慢上升，大专及以上人口比重持续上升，且在 2020 年略超过高中和中专人口比重。

表 3-21 1964—2020 年全国每十万人拥有的各种受教育程度人口比重

单位：%

年份	小学	初中	高中和中专	大专及以上
1964	81.5	13.5	3.8	1.2
1982	58.2	29.6	11.2	1.0
1990	53.0	33.4	11.5	2.0
2000	42.3	40.2	13.2	4.3
2010	30.2	43.8	15.9	10.1

续表

年份	小学	初中	高中和中专	大专及以上
2020	27.6	38.4	16.8	17.2

资料来源:《中国统计年鉴 2001/2011》《第七次全国人口普查公报》。

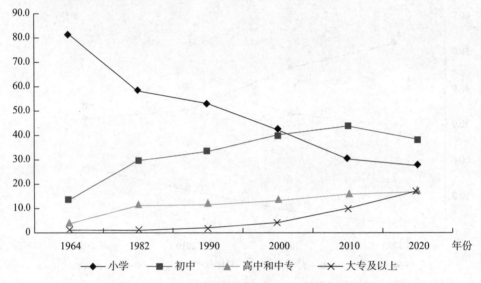

图 3-18　1964—2020 年全国人口教育结构变化趋势

　　总体上来看，西北五省（区）及全国的人口教育结构变化趋势基本一致，但是教育结构各有不同。对比各省和全国的数据可以看出，在 2020 年小学人口比重除了陕西省的 24.2% 比全国平均水平 27.6% 低以外，其他几个省份的小学人口比重都高于全国。2020 年大专及以上人口比重除了甘肃的 17.1% 比全国平均水平 17.2% 低以外，其他几个省份的大专及以上人口比重均高于全国水平，且陕西的大专及以上人口比重达到了 20.5%，比全国高 3.3%，这与陕西是教育大省有着密切的关系。

3.5　西北五省（区）人口与经济发展分析

　　西北五省（区）地域辽阔，地广人稀，经济结构以资源型工业和传统农业为主。经过新中国成立以来 70 多年的持续努力，经济社会和人口素质都得到了长足发展。以下对西北五省（区）"十三五"期间（2016—2020 年）的人口与经济发展状况进行综合分析。

3.5.1 人口分析

西北五省（区）人口最多的是陕西，年末常住人口由 2016 年的 3874 万人增加至 2020 年的 3955 万人。新疆年末常住人口由 2016 年的 2428 万人增加至 2020 年的 2590 万人。甘肃年末常住人口由 2016 年的 2520 万人减少至 2020 年的 2501 万人，净减少 19 万人。宁夏年末常住人口由 2016 年的 695 万人增加至 2020 年的 721 万人。青海年末常住人口由 2016 年的 582 万人增加至 2020 年的 593 万人，青海年末常住人口处于西北五省（区）的末位（见表 3-22）。

表 3-22 2016—2020 年西北五省（区）年末常住人口

单位：万人

地区	2016	2017	2018	2019	2020
陕西	3874	3904	3931	3944	3955
新疆	2428	2480	2520	2559	2590
甘肃	2520	2522	2515	2509	2501
宁夏	695	705	710	717	721
青海	582	586	587	590	593

资料来源：《中国统计年鉴 2022》。

3.5.2 地区生产总值

西北五省（区）的地区生产总值逐年增加，陕西地区生产总值由 2016 年的 19045.8 亿元增加至 2020 年的 26181.9 亿元，位居西北五省（区）首位。新疆地区生产总值由 2016 年的 9630.8 亿元增加至 2020 年的 13797.6 亿元。甘肃地区生产总值由 2016 年的 6907.9 亿元增加至 2020 年的 9016.7 亿元。宁夏地区生产总值由 2016 年的 2781.4 亿元增加至 2020 年的 3920.6 亿元。青海地区生产总值由 2016 年的 2258.2 亿元增加至 2020 年的 3005.9 亿元，青海地区生产总值处于西北五省（区）的末位（见表 3-23）。

表 3-23　西北五省（区）2016—2020 年地区生产总值

单位：亿元

地区	2016	2017	2018	2019	2020
陕西	19045.8	21473.5	23941.9	25793.2	26181.9
新疆	9630.8	11159.9	12809.4	13597.1	13797.6
甘肃	6907.9	7336.7	8104.1	8718.3	9016.7
宁夏	2781.4	3200.3	3510.2	3748.5	3920.6
青海	2258.2	2465.1	2748.0	2941.1	3005.9

资料来源：《中国统计年鉴》（2017—2021 年）。

3.5.3　人均地区生产总值

随着我国改革开放和西部大开发战略的持续推进，西北五省（区）的人均地区生产总值逐年增加。陕西的人均地区生产总值由 2016 年的 50081 元/人增加至 2020 年的 66292 元/人，位居西北五省（区）首位。宁夏的人均地区生产总值由 2016 年的 41427 元/人增加至 2020 年的 54528 元/人。新疆的人均地区生产总值由 2016 年的 40484 元/人增加至 2020 年的 53593 元/人。青海的人均地区生产总值由 2016 年的 38213 元/人增加至 2020 年的 50819 元/人。甘肃的人均地区生产总值由 2016 年的 26520 元/人增加至 2020 年的 35995 元/人，处于西北五省（区）的末位（见表 3-24）。

表 3-24　2016—2020 年西北五省（区）人均地区生产总值

单位：元/人

地区	2016	2017	2018	2019	2020
陕西	50081	56154	62195	66649	66292
宁夏	41427	47177	51248	54217	54528
新疆	40484	46089	51950	54280	53593
青海	38213	41366	45738	48570	50819
甘肃	26520	28026	30797	32995	35995

资料来源：《中国统计年鉴》（2017—2021 年）。

3.5.4　财政收入

西北五省（区）的财政收入逐年增加。陕西的财政收入由 2016 年的 1833.99 亿元增加至 2020 年的 2257.31 亿元，位居西北五省（区）首位。新疆的财政收入由 2016 年的 1298.95 亿元增加至 2020 年的 1477.22 亿元。甘肃的财政收入由 2016 年的 786.97 亿元增加至 2020 年的 874.55 亿元。宁夏的财政收入由 2016 年的 387.66 亿元增加至 2020 年的 419.44 亿元。青海的财政收入由 2016 年的 238.51 亿元增加至 2020 年的 297.99 亿元，处于西北五省（区）的末位。由于 2020 年受新冠疫情的影响，陕西、新疆和宁夏三省（区）的财政收入较上年有所减少，甘肃和青海两省则有所增加（见表 3-25）。

表 3-25　2016—2020 年西北五省（区）财政收入情况

单位：亿元

地区	2016	2017	2018	2019	2020
陕西	1833.99	2006.69	2243.14	2287.90	2257.31
新疆	1298.95	1466.52	1531.42	1577.63	1477.22
甘肃	786.97	815.73	871.05	850.49	874.55
宁夏	387.66	417.59	436.52	423.58	419.44
青海	238.51	246.20	272.89	282.25	297.99

资料来源：《中国统计年鉴》（2017—2021 年）。

综上分析，从人口数量、地区生产总值、人均地区生产总值和财政收入情况来看，陕西均位居西北五省（区）的首位。甘肃的人均地区生产总值处于西北五省（区）的末位。青海的人口数量、地区生产总值和财政收入都处于西北五省（区）的末位。

第4章 西北地区人口与产业结构协调发展研究

人口结构和产业结构是衡量一个地区发展水平的重要指标，人口结构和产业结构的协调发展，是一个区域经济增长速度和发展质量的重要保障。任何国家或地区人口结构的变化都会影响此区域内产业结构的变化，同样，在产业结构实现转型升级、更新换代的同时人口结构也会随之产生联动效应。中国的中东部地区发展起步早，加之先天的地理环境优势，使其人口结构与产业结构已经逐步地在发展中实现了较好的协调性。

我国的西北地区包括陕西省、甘肃省、青海省、宁夏回族自治区、新疆维吾尔自治区，土地面积占全国总面积的1/3。自然资源丰富，文化底蕴悠长，有着巨大的发展潜力。截至2020年，西北地区总人口仅有1.41亿人，仅占全国总人口的8.8%，GDP总量达5.6万亿元，仅占全国总量的5.5%，由此可见，加快协调西北地区人口与产业结构，对促进资源高效配置，经济高质量发展，生态、人类和谐相处有着至关重要的作用。

4.1 西北地区人口结构与产业结构的现状分析

4.1.1 西北地区产业结构现状

自世纪之交西部大开发战略实施以来，国家出台了一系列倾斜支持的优惠政策，例如，2016年的《西部大开发"十三五"规划》，2020年5月17日《中共中央国务院关于新时代推进西部大开发形成新格局的指导意见》发布，加之2013年"一带一路"倡议付诸实施，西部地区的经济发展速度显著加快。从经济规模总量来看，12个省（市、自治区）的经济总量，从2009年的1.58万亿元，增长到2018年的18.4万亿元，即西部大开发的20年间，西部12省（市、自治区）的经济总量增长了11.6倍。尤其是在2013年到2018年间，西部地区生产总值从12.7万亿元增加到18.4万亿元，占全国比重从19.8%提高到20.6%，主要经济指标高于全国平均水平。西部地区的进出口亦获得发展。从外贸占比来看，根据国家统计局的数据可知，1999年，西部12省（市、自治区）的外贸总额（经营单位所在地进出口总额）占东部11省份的比重为4.1%，而到了2017年，这一占比增长到8.9%（21世纪经济报道，2019年5月9日）。到2020年，西北地区GDP总值已经是2000年的12倍。

目前，西北地区正处于爬坡过坎、转型升级的关键阶段，正面临着产业结构调整和转型的任务，此外，三大产业呈现出规律性的变动。霍夫曼定律表示，在工业化进程加速阶段，农业比重逐渐下降，工业和服务业所占的比重会逐步上升。西北五省（区）的第一产业产值比重稳步下降，第二产业产值比重波动上升后又波动下降，但总体在40%~52%之间波动，第三产业比重稳步上升，尤其在2012年以后呈现稳步上升趋势。西北地区拥有全国1/3的土地，受限于自然条件的不足，第一产业的发展并不突出，因此，发展特色农业和优势农产品加工业是关键。西北地区丰富的物产资源为第二产业的发展提供了保障，应大力发展先进制造业和战略性新兴产业；壮大医药、传统手工艺等民族特色产业。西北地区独特的地貌环境，可以实施农村人居环境改善工程，提升文化、旅游等服务业发展层次水平，形成支撑西部发展的多元产业和更大的经济增长点（见表4-1）。

表4-1　2000—2020年西北地区的产业构成及其比重

单位：亿元、%

年份	总产值	第一产业产值	第二产业产值	第三产业产值	第一产业比重	第二产业比重	第三产业比重
2000	5216.2	829.7	2213.6	2172.9	15.9	42.4	41.7
2001	5752.8	858.9	2436.2	2457.6	14.9	42.3	42.7

续表

年份	总产值	第一产业产值	第二产业产值	第三产业产值	第一产业比重	第二产业比重	第三产业比重
2002	6375.8	906.6	2723.8	2745.4	14.2	42.7	43.1
2003	7375.6	1062.6	3244.5	3068.6	14.4	44.0	41.6
2004	8655.0	1227.1	3922.7	3505.2	14.2	45.3	40.5
2005	10133.3	1368.2	4736.1	4029.0	13.5	46.7	39.8
2006	12056.0	1470.2	5914.2	4671.7	12.2	49.1	38.7
2007	14733.9	1731.0	7280.4	5722.4	11.7	49.4	38.8
2008	17953.8	2018.7	9059.1	6876.0	11.2	50.5	38.3
2009	19294.9	2149.0	9397.2	7748.6	11.1	48.7	40.2
2010	23818.4	2768.5	11982.7	9067.2	11.6	50.3	38.1
2011	29235.9	3161.8	15028.7	11045.4	10.8	51.4	37.8
2012	33356.5	3558.2	17002.7	12795.6	10.7	51.0	38.4
2013	37585.4	3964.3	18597.2	15024.0	10.5	49.5	40.0
2014	40919.6	4208.4	19917.0	16794.2	10.3	48.7	41.1
2015	41937.3	4293.2	19004.7	18639.4	10.2	45.3	44.4
2016	44543.6	4543.8	19636.5	20363.3	10.2	44.1	45.7
2017	49758.2	4761.1	21986.3	23010.8	9.6	44.2	46.2
2018	55681.1	5127.0	24389.9	26164.2	9.2	43.8	47.0
2019	59683.5	5559.4	25573.5	28550.6	9.3	42.8	47.8
2020	60819.2	6274.7	25118.8	29425.8	10.3	41.3	48.4

数据来源：各省统计年鉴 2021。

4.1.2 西北地区的人口结构分析

随着人口红利的逐渐消失，西北五省（区）人口老龄化等人口结构问题不断涌现。西北五省（区）各省份人口年龄结构大致相当，并无特别悬殊的差距，但老龄化现象都处于一个相对来说比较严重的状态，造成这个现象的原因主要有两点，一是长期以来实行的计划生育政策，导致人口增长缓慢。二是医疗条件和科学技术的进步，使人类的预期寿命大大延长，这两个原因共同造成了现在的人口老龄化现象。

西北五省（区）总体受教育年限呈缓慢上升趋势，由此可见我国对国民事业的重视程度，但是同时增长速度缓慢也说明了提高人均受教育水平并非

易事（见图 4-1）。

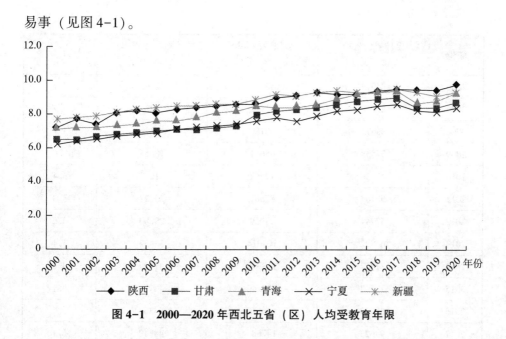

图 4-1　2000—2020 年西北五省（区）人均受教育年限

4.1.3　西北地区的人均收入状况

居民人均收入总体呈现上升趋势，2020 年人均收入是 2005 年的约 5.3 倍。在 2005—2020 年期间，我国城镇和农村居民的人均可支配收入都呈现稳步增长的趋势，城镇居民可支配收入远远高于农村居民纯收入，但是我们也可以看到城乡人均可支配收入的差距在不断缩小，从 2005 年的 3.7 倍缩小到 2020 年的 2.8 倍。随着经济发展的推进，我国会有更多的农村居民迁往城市，从而获得更高的收入；而在农村，则可以通过加强农业集约化经营提高劳动生产率，同时就地发展第三产业，从而实现农村居民人均可支配收入的迅速提升（见图 4-2、表 4-2）。

表 4-2　2005—2020 年西北五省（区）居民人均可支配收入情况

单位：元、倍

年份	全体居民人均可支配收入	城镇居民人均可支配收入	农村居民人均可支配收入	城乡收入比
2005	22238	41307	11258	3.7

年份	全体居民人均 可支配收入	城镇居民人均 可支配收入	农村居民人均 可支配收入	城乡收入比
2006	24973	46119	12395	3.7
2007	29116	52992	14223	3.7
2008	33673	60189	16376	3.7
2009	37338	65651	18063	3.6
2010	43130	72567	21273	3.4
2011	50183	82581	25227	3.3
2012	57744	93939	29280	3.2
2013	64892	104014	33452	3.1
2014	71867	113998	37499	3.0
2015	79347	125546	40916	3.1
2016	86503	136110	44364	3.1
2017	94623	147686	48310	3.1
2018	103030	159070	52778	3.0
2019	112144	170745	58075	2.9
2020	118480	177540	62400	2.8

资料来源：国家统计局网站。

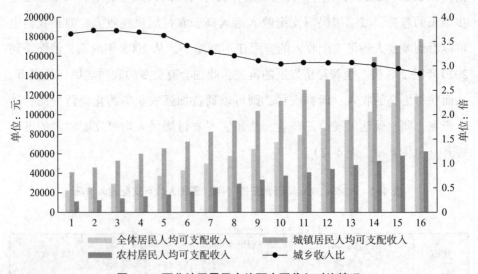

图4-2 西北地区居民人均可支配收入对比情况

4.2　影响西北地区产业结构升级的人口结构约束因素分析

4.2.1　城镇化率对产业结构的影响

人口城乡结构与产业结构之间存在长期的均衡关系。全国、省域等不同空间尺度的城镇化与产业结构的研究结果表明，城镇化与产业结构升级存在着稳定的均衡关系和较强的相关性，城镇化能够显著促进产业结构升级，对产业结构升级存在显著的门槛效应。在其他研究中也表明，城镇化能够提升产业的层级结构，尤其针对现代服务业的发展。城镇化与产业结构相辅相成，相互影响，产业结构的变化也会带动城镇化率的变动。在产业结构处于较低水平时，大量劳动力从事农业活动；当工业化水平不断提升，工业化时代繁荣时，劳动力从农业活动中抽离，转移到城市，等发展到一定阶段，技术相对完备后，加之城市负荷超载，劳动人口再次由城市逐步向郊区转移；到后工业化时期，第三产业发展迅速，劳动力再次被需要，人口不断向城市集聚。从我国的改革历程来看，改革开放初期，东部地区发展以外贸经济、加工制造为主，吸引了大批中西部地区的劳动人口，出现了规模庞大的"民工潮"。到 2008 年次贷危机引发的全球金融危机后，我国产业结构发生了转变，向中西部实现产业转移，劳动力也随之向中西部"回流"。

4.2.2　人口从业结构对产业结构的影响

人口从业结构与分布是人口职业构成与其分布的相互关系。从业结构是指从业人员个人所从事的具体劳动，即劳动工种的搭配和排列。而劳动工种的组合情况则称为人口的职业构成。与我国较发达的东部地区相比较，西北地区的人口从业结构存在很多不合理的地方，东部发达地区人口从业以第二产业为支柱，人口从业中第三产业发展迅猛，并将逐渐取代第二产业的劳动人口。就业结构作为产业结构的一部分，其与产业结构是否协调，其调整是否与产业结构变动相一致，不仅关系着产业的可持续发展，而且对产业结构转型升级具有重大影响。就业结构与产业结构发展不协调，就业结构调整严重滞后于产业结构变动，则会影响产业结构的转型升级。西北五省（区）从业结构的变化趋势大致与产业结构的变化趋势相符，因此，产业结构的转型升级是相对比较乐观的。

4.2.3　人口受教育水平对产业结构的影响

舒尔茨在人力资本理论中提出，人力资本不仅是决定经济增长的关键因素，也是产业结构优化升级的重要基础，决定了产业结构的发展方向、程度和效果。随着知识经济时代的到来，高素质人才成为区域发展的核心竞争力和产业结构升级的引领器，并通过技术创新以及技术扩散和溢出促进产业结构调整。美国一项实证研究表明，教育以及人力资本的提升对于其经济增长的贡献率高达20%，我国的研究也表明，总体上文化结构对于产业结构优化升级的影响是显著的。受教育水平越高、综合素质越高的人群，对于产品的多样化要求也就越高，这种高层次的需求在一定程度上也会推动产业结构的转型升级。在产业结构不断优化的同时，对劳动也提出了更高的要求，不断提升劳动力的文化素质和专业技术能力，从而使人口受教育水平与产业结构同时升级。

4.3　影响西北地区人口结构调整的产业结构约束因素分析

4.3.1　产业结构低级化对就业结构的直接影响

1. 西北地区产业结构存在的主要问题

产业结构趋同现象严重。2013年以来，西北地区产业结构有所优化，但地区的支柱产业雷同现象仍然极为严重，且长期依赖传统的自然能源开发型产业，产业结构有待优化调整，区域分工体系尚待建立和完善。

产业结构水平升级缓慢。工业生产设备陈旧，技术工艺相对落后，技术创新缓慢。西北五省（区）旅游业近年来发展较快，拉动了第三产业的增长，但由于缺乏高新技术产业的带动，第三产业较难实现产业高级化。

产业结构是指各部门间的比例关系，产业结构优化与经济健康发展密切相关。通过上述对西北五省的产业结构、主导行业以及结构水平的分析，我们认为西北五省（区）产业结构仍处于低级化状态。

2. 产业结构对就业结构的直接影响

合理、优化的产业结构和就业结构是提高经济发展水平的两个重要因素，二者关系密切。根据现代经济发展规律，经济是伴随着产业结构的逐步高级化而发展的。产业结构包括各产业间以及各产业内部的比例、空间分布及产业转换和产业素质，产业结构低级化必然会引起就业结构的相应变化。

（1）产业结构低级化使劳动力集中于第一产业，并开始向第三产业转移

2020年西北五省（区）第一产业从业人数占的比重为34%，2000年第一产业从业人数占的比重为57.4%，2000年到2020年西北五省（区）第一产业从业人数占的比重逐渐降低。2000—2020年西北五省（区）第二产业从业人数占的比重波动较小。2020年西北五省（区）第三产业从业人数占的比重为47.2%，2000年占的比重为25.8%，第三产业从业人数比重波动上升。在西北地区传统的第一产业从业人员仍然占到了30%以上，占的比重还比较高。就业结构在逐渐转变，第一产业从业人数占据主体地位但开始逐渐下降，第二产业是西北五省的主导产业，因此从业人数较为稳定，第三产业逐渐开始发展，从业人数比重不断上升（见表4-3）。

表4-3　西北五省（区）从业结构

单位：万人、%

年份	从业总人数	第一产业从业人数	第二产业从业人数	第三产业从业人数	第一产业从业人数比重	第二产业从业人数比重	第二产业从业人数比重
2000	4521.4	2595.5	757.3	1168.6	57.4	16.7	25.8

年份	从业总人数	第一产业从业人数	第二产业从业人数	第三产业从业人数	第一产业从业人数比重	第二产业从业人数比重	第二产业从业人数比重
2001	4524.0	2596.2	753.7	1174.0	57.4	16.7	26.0
2002	4646.2	2601.7	776.4	1268.1	56.0	16.7	27.3
2003	4725.3	2591.6	851.3	1282.4	54.8	18.0	27.1
2004	4795.2	2556.3	855.5	1382.6	53.3	17.8	28.8
2005	4749.6	2540.0	812.1	1397.5	53.5	17.1	29.4
2006	4801.4	2535.8	822.1	1443.5	52.8	17.1	30.1
2007	4866.2	2511.0	863.2	1492.0	51.6	17.7	30.7
2008	4937.8	2502.5	899.0	1536.5	50.7	18.2	31.1
2009	5046.5	2487.8	998.6	1560.2	49.3	19.8	30.9
2010	5342.7	2616.9	1091.1	1519.6	49.0	20.4	28.4
2011	5357.2	2566.4	1133.8	1556.4	47.9	21.2	29.1
2012	5349.9	2507.6	848.4	1394.8	46.9	15.9	26.1
2013	5361.2	2437.9	894.0	1478.0	45.5	16.7	27.6
2014	5375.3	2402.0	913.7	1581.5	44.7	17.0	29.4
2015	5409.4	2381.2	908.2	1743.5	44.0	16.8	32.2
2016	5439.3	2362.0	900.4	1856.8	43.4	16.6	34.1
2017	5415.0	2292.0	905.1	1964.2	42.3	16.7	36.3
2018	5410.0	2257.6	867.0	2104.0	41.7	16.0	38.9
2019	5415.0	2179.3	865.6	2357.8	40.2	16.0	43.5
2020	5415.0	1843.0	1015.0	2557.0	34.0	18.7	47.2

（2）产业结构低级化不利于高级人才的培养、引进和吸纳

区域经济发展不平衡、产业结构低级化就会造成人才流向的不平衡现象，越是经济不发达、人才稀缺的地区，吸引的高级人才越少，人才流失越严重。没有新兴带动型高科技产业，就无法吸纳高级人才。随着信息经济的发展，劳动力的综合素质不仅已经成为增加国民财富的基础，也是产业结构调整和经济发展的必然要求。随着大学教育改革的推进，学科专业也开始围绕

新兴产业进行调整，未来的高级人才将会越来越多，因此产业结构调整任重道远，只有产业结构高级化，才能吸引更多高级人才，从而推动产业进一步发展。

（3）产业结构低级化会导致结构性失业问题

对比表4-1、表4-3可知，2020年西北五省（区）的第一产业产值比重为10%左右，却拥有约34%的劳动力。第二产业用的近19%的劳动力产出了41%左右的产值，是现代机械化生产的合理表现。而第三产业产值比重为48%左右，所需劳动力约为47%，说明第三产业吸附劳动力能力较强。近年来西北五省（区）大量劳动力滞留于第一产业，第二产业发展较为合理，所需劳动力接近饱和，第三产业劳动力吸附能力最强，但由于产业结构调整较慢，新兴产业对劳动者的需求较高，劳动力在第一产业滞留不能及时地转移到第二产业和第三产业，第三产业劳动力需求得不到满足，导致结构性失业现象显性化。

4.3.2　产业扩张力对流动人口吸附能力的影响

产业扩张主要出现在产业生命周期的成长阶段，是产业发展过程中的一个重要阶段，它主要包括两层含义，一是指在原有产业基础上向其他产业扩展；二是指一个特定产业形成后，通过增加要素的投入而不断扩大产业规模或提高产业素质的过程，本文特指第二种含义的产业扩张。产业的产值在省内经济总体的结构比重变化，代表着产业扩张力的变化。产业扩张力是影响流动人口吸附力的重要原因之一，近年来，随着西北五省（区）产业结构的调整，第三产业占比大幅提升。从2020年整体就业结构来看，甘肃第一产业就业人口数量居于首位，其他几个省份第三产业占比最高。由于西北五省（区）资源禀赋、地理位置、经济发展状况都存在差别，产业结构发展状况不尽相同，因此产业扩展力对流动人口的影响应该先看部分、再看总体。

产业扩张力的增长受到要素禀赋的影响，会从要素价格水平高的地区向要素价格低的地区转移，近年来随着陕西省经济发展水平的不断增加，第一产业不断收缩，第二产业的产业扩张力表现明显，不仅能承接东南部地区一些制造业的转移，本地的第二产业发展也在进一步扩展，逐渐成为省内经济增长的一大推动力，是吸纳本地就业的一大组成部分。

陕西省的第三产业处于快速发展阶段，对流动人口的吸附能力也有一定的影响。陕西省经济总体增速较慢、发展水平较低，抵消掉流出的劳动力，产业扩张带来的吸附力对劳动人口的影响较小。甘肃省以第一产业为基础，第三产业对于人口吸纳能力更加突出，近年来依托独特的地理资源禀赋大力发展旅游业，吸引了大量旅客观光，不仅为当地经济增长做出巨大贡献，也为当地的可持续发展增添了新的路径，带动了居民就业。在原有的单一的产业结构加以改革，从以第一产业为主逐渐向以第三产业为主转型。青海省第三产业发展迅速，已经赶超第一产业成为支柱产业，同样也为解决地区流动人口就业起到了重要作用，说明产业结构扩展力影响有十分重要的意义。可见，西北五省（区）近年的流动人口就业主要依靠第二、三产业的扩张，具体表现为流动人口就业从第一产业流入第二、三产业，大部分就业人群为本地人口，少部分为外来流动人口。

随着西北五省（区）产业扩张力不断提升，对流动人口吸附力的影响也逐渐浮现：产业扩张促进产业规模扩大，对劳动力等要素的需求逐渐增加，对流动人口的吸附能力也会扩大。

4.3.3 产业效率对财政收入和区内人口受教育水平的影响

西北地区财政收入一直在持续增长，财政收入增长的背后是经济发展的推动作用，结构主义理论认为经济增长是生产结构变化的一个方面，在经济发展存在非均衡的时候，生产要素会从生产率低的部门向生产率高的部门转移，促进产业结构发生变化，提高经济的增长速度，从一定意义上来说，现代经济的增长是全要素生产率提高的产物。西北五省（区）各省会城市结合自身优势条件形成特色产业集群以及西北地区形成的省级经济圈可以有效共享基础设施、强化市场信息的监测，极大地促进了生产效率的提高，由此也对西北地区的财政收入做出了重大贡献。当然，我们知道任何作用的发生都是相互的，财政支出作为公共投资最为重要的方式，是各级政府进行宏观调控的主要抓手。西北五省（区）在地域上位于我国西北地区，在所属上又都受到中央政府的统一管理，同时考虑到这五个省区都是我国西部大开发政策适用的地区，又是"丝绸之路经济带"主要涵盖区域，这就使得五个省区的财政支出不管从支出结构上还是支出政策的制定上都会相互影响，其中尤以教育财政支出最为主要。

　　财政投入促进教育水平的提高，区域经济水平决定了对高等教育的投入。区域经济水平不仅直接制约着高等教育发展的规模和速度，也制约着高等教育发展的方向和结构，同时高等教育发展的规模和速度也受到需求和供给两方面的限制，社会经济规模越大，对高等教育的需求规模越大；社会经济技术发展水平越高，对高等教育结构的需求也越高。当前西北五省（区）区域经济发展已经初具规模，全要素生产率的提高使得西北地区经济发展正从粗放型转变到以创新为主的发展模式，随着这个转变的开始，西北地区经济发展与高等教育发展在一定地理空间相结合，西北五省（区）此时正迫切需要知识型人才的加入，这就在一定程度上促进了高等教育受众面的扩大，同时教育财政支出的增加使得受高等教育的群体供给数量增加，高等教育已经变成提升西北地区经济升级换代的动力之一。

4.4　促进区内经济结构与人口结构协调发展的对策研究

4.4.1　促进区内经济结构升级的对策

　　第一，发挥资源禀赋优势和政策优势。西北五省（区）的资源丰富，要因地制宜发展经济，促进产业结构调整才能实现经济的可持续发展。全面分析自身的特点，发挥自身优势，选择适合自己的经济发展方式，而不是照搬其他地区的发展模式。充分利用"一带一路"以及"西部大开发"所带来的政策红利，促进第一产业和第二产业向第三产业调整，扩大第三产业在整体经济发展中所占的比重。

第二，重视技术创新在结构调整中发挥的作用。西北五省（区）大多属于资源型城市，产业多以资源型产业为主。对原有的产业结构进行调整，就要具有强劲的技术创新能力。只有在技术上领先，才能在行业中处于领先地位，实现社会效益和经济效益的结合，促进经济的可持续发展。过去西北五省（区）过分依赖于资源，对生态环境造成了严重的影响，并且，在产业结构合理化方面极大地落后于东部地区，以至于整体的经济发展水平同样也落后于东部。当经济发展重视技术创新的作用时，不但能减少对生态环境的破坏，还能够实现经济上的高速发展，做到经济与生态和谐发展。

第三，积极引导和发展新兴产业。注重新兴产业的发展，发展与之相关联的前后产业链。西北五省（区）在经济结构上依旧是第二产业居于主要地位，且第二产业中多是重工业。第三产业中新兴产业所占的比重也相对较小。政府要着重抓好招商引资和人才政策的制定，建设具有吸引新兴产业和优秀人才的地区，增添经济发展的活力。

4.4.2 促进区内人口结构优化的对策

第一，重视城市化质量发展，推动城乡人口分布合理化。要重点加强经济中心区域城市建设，同时也要注重落后区域，尤其要重视其教育、卫生以及基础设施等优质社会资源配置。

第二，充分发挥政府的导向作用，引导投资、教育、人力等资源向西北地区流动。国际经验表明，相对落后地区的发展离不开国家优惠政策的引导。我国社会整体的就业矛盾逐渐由总量矛盾转变为结构性矛盾和区域性矛盾，就业匹配度有待提高，西北地区的结构性失业率也逐年提升。面对就业问题，首先，政府应完善各地区的劳动力市场建设，有序引导劳动力的转移，降低劳动力供求双方的时间成本，缓解劳动力地区间的供需矛盾。其次，要积极发挥高校作用，根据用人单位诉求，有针对性地培养相关人才，满足企业用人要求，与大型企业合作，形成人才培训与就业的良性合作。最后，政府还要引导地区人口年龄结构优化，在老龄化严重的地区积极发挥人才政策导向作用，缓解人口老龄化带来的劳动力短缺问题。

第三，大力发展西北部地区高等教育水平，改善人口教育结构，为产业结构的优化升级提供优质劳动力支持。劳动力素质对于西北地区产业结构优化具有重要作用，而高等教育则是提高劳动力素质的有效渠道。首先，政府应该继续加大教育经费的投入，完善学校基础设施建设，保障学生的学习环境；其次，要优化教师资源，加大人才引进力度。由于西北地区经济发展相对落后，教育水平也较为落后，高水平教师资源流失严重。因此，学校应引进高层次人才并组建高水平的师资队伍，提供优质保障留住优质资源，以此提升高校整体教育质量水平，逐渐提升西北地区整体教育水平；最后，政府不仅要重视本科教育，也要重视专科教育，培养全方位的技术人才。将提升人力资本存量，作为延续人口红利的重要途径。

4.4.3　提升区内人口经济效率的对策

1. 协调人口产业结构，注重二者均衡发展

西北地区现有的人口结构与产业结构存在着严重的不协调性，主要表现在两方面。

其一，从人口结构和产业结构综合指数——两者协调指数来看，都低于东部经济发达地区。这说明西北地区人口结构和产业结构质量较低，而且两者又不协调。这主要是因为西北地区经济发展水平低，处于经济发展"外围"地位，导致人口外流，参与的产业整体处于中低端，被锁定在产业价值链的中低端。因此，在对西北地区经济扶植时，要精准定位，按照西北地区的地域特点发展相对应产业；同时，按照产业结构特征，开展有针对性的培育培训，提升人口素质，提高地区就业率。

其二，产业结构滞后于人口结构。因此，西北地区必须将"优化产业结构"作为一大工作重心，通过产业结构调整，促进产业结构优化升级，积极发展高新技术产业和战略性新型产业结构，形成人口结构与产业结构良性互动。

2. 促进人口结构调整，形成新的人口红利

人口作为国家发展的基础，其结构的变化对经济的发展有着非常重要的影响。从 2000 年以后，我国人口结构发生较大变化，西北五省（区）也不例外，老年赡养比和少儿抚养比"双升"现象越来越显著，人口红利的减弱对西北地区经济社会发展产生了巨大压力。对此，必须及时调整人口政策，鼓励三孩生育，积极促进人口结构调整，顺应人口发展形势，努力形成经济增长"新的人口红利"。

第一，加大对人才的吸引力度，加快人才政策推进落实。在人口老龄化程度加深的背景下，包括天津、武汉、长沙、沈阳以及合肥在内的诸多城市纷纷加入"抢人大战"。人才新政突显区域发展中人口结构的改善对于宏观经济的积极影响，尤其是其对增加城市活力、撬动经济社会发展的"溢出效应"。2017 年以来，西安推出的人才新政，在招才引智方面效果显著，西北地区的各省市要努力完善便捷高效的人才服务机制，为人才在落户、子女入学、社保、医疗、住房等方面提供便利，并进一步优化创新创业扶持环境。

第二，加强人力资本投资，依靠人口质量形成人口新红利。尽管在数量上人口红利窗口期即将结束，但通过增加教育投入、加强对劳动者的技能培训、提高老龄人口劳动参与率，能够形成新的人力资本和劳动力红利。首先，提高义务教育水平。其次，通过培训提高农民工的素质和职业技能。最后，积极挖掘老年人力资源，提高整体劳动参与率。未来，通过渐进式延迟退休政策来增加劳动力供给，缓冲对经济下行压力是必然趋势。要推进终身学习体系建设，提高年龄偏大劳动年龄人口的劳动参与率。

3. 加快产业结构优化，转变经济发展方式

过去 40 多年，西北地区的经济获得了快速的发展，这离不开丰富的劳动力资源和矿产资源的支持。随着我国对经济、生态环境发展质量要求的提高，更注重经济发展质量和绿色发展与环境保护、修复。因此，必须积极调整三大产业以及各个产业内部的结构，让数字经济为实体经济发展赋能，将以劳动力和自然资源为依托的经济发展模式，转变为以人力资本的充分利用为动

力的发展模式，转变为更加依赖人才、更加依赖知识技术、更加依赖健康促进的发展模式。

首先，利用土地广袤优势发展绿色农业，建设现代农业。西北地区地形多样，以高原、平原和盆地为主，因此，要因地制宜，促进农林牧业全面发展，使第一产业内部趋于合理。要充分利用地缘优势，大力发展特色农业，将农业与旅游业、电商物流相结合，发展农业采摘、农业观光、农村休闲度假和农产品电商物流等新兴经济模式，延长产业链。大力发展农业设施，如大型成套农机具，滴灌、喷灌技术设备，沙漠绿化等，推进农业现代化。这样不仅可以扩大就业领域和提升就业层次，增加农产品的附加值，提高农民收入，而且可以优化产业结构，促进第一产业和第二、三产业共同发展。

其次，利用自然资源丰富优势，打造绿色工业基地。西北地区是国家的矿产资源宝库，能源资源丰富，但受环境保护及资源节约利用等综合因素影响，致使西北地区依托矿产资源特别是倚重重工业的第二产业，面临着绿色化的转型升级。因此，政府应积极引导第二产业向科技、清洁、节约、智能的方向发展，把发展新兴产业与改造传统产业并举，促进工业转型升级，优化产业结构。

最后，依托丝绸之路，大力发展现代服务业。依托数字经济赋能和亚欧大陆桥，积极拓展国内外电商业务和数字贸易。依托古丝绸之路，发展从西安到乌鲁木齐的历史文化旅游产业。依托西安等地高校和职业技术学校，广泛培养和开发西北发展需要的各级各类人才，不断提高人力资源素质。第三产业的发展，不仅可以创造众多的就业岗位，吸纳更多的人口就业，吸引国内外人才向西北地区流动，而且第三产业尤其是高新技术产业和战略性新型产业的发展壮大，对高素质和技术性人才的需求增多，会促使西北地区人力资本水平的提高。

4. 西北五省（区）联合制定区内中长期人口—产业协调发展规划

以人口—产业高质量发展为引擎，以中心城市、城市群和乡村振兴为抓手，以"一带一路"向西开放为牵引，运用好国家给予西北地区的叠加优惠政策，充分发挥西安国家中心城市的辐射带动作用，利用西北地区生态生物多样性振兴乡村经济，利用网络信息技术发展数字经济，西北五省（区）联合制定区内中长期人口—产业协调发展规划，协同推动区内人口—产业协调发展及其城乡居民收入水平提高，力争在2035年与全国一道基本实现现代化。

第5章 西北五省（区）城乡人口结构状况调查分析

5.1 问卷调查的基本情况

5.1.1 抽样调查的省（区）数量分布

根据课题研究需要，我们课题组依据西北五省（区）的人口比重和城乡结构，组织师生进行了入户问卷抽样调查，以获取真实的一手资料。其中，陕西476户，占43.16%；甘肃268户，占24.30%；宁夏91户，占8.25%；新疆206户，占18.68%；青海62户，占5.62%；合计1103户，见表5-1。

表5-1 抽样调查的省（区）数量分布

类别	陕西	甘肃	宁夏	新疆	青海	合计
调查户数/户（份）	476	268	91	206	62	1103
调查比重/%	43.16	24.3	8.25	18.68	5.62	100

资料来源：作者调研、整理。

5.1.2 调查户的城乡分布

从调查户的城乡分布来看，农村户占57.12%、城镇户占42.88%。其中，陕西的农村户占 60.71%，城镇户占 39.29%；甘肃的农村户占 66.42%，城镇户占 33.58%；宁夏的农村户占 52.75%，城镇户占 47.25%；新疆的农村户占 40.29%，城镇户占 59.71%；青海的农村户占 51.61%，城镇户占 48.39%。其中，陕西省、甘肃省的农村户比重远多于城镇户，而宁夏、青海的农村户略多于城镇户，只有新疆的城镇户多于农村户（见表 5-2）。

表 5-2　调查户的城乡分布

单位：%

类别	陕西	甘肃	宁夏	新疆	青海	平均
农村	60.71	66.42	52.75	40.29	51.61	57.12
城镇	39.29	33.58	47.25	59.71	48.39	42.88

资料来源：同上表。

5.1.3　调查对象的性别分布

五省（区）调查对象的性别分布平均为：男性占 55.03%、女性占 44.97%。其中，陕西的男性占 51.47%，女性占 48.35%；甘肃的男性占 61.94%、女性占 38.06%；宁夏的男性占 50.55%，女性占 49.45%；新疆的男性占 55.83%，女性占 44.17%；青海的男性占 56.45%，女性占 43.55%（见表 5-3）。

表 5-3　调查对象的性别分布

单位：%

性别	陕西	甘肃	宁夏	新疆	青海	平均
男	51.47	61.94	50.55	55.83	56.45	55.03
女	48.53	38.06	49.45	44.17	43.55	44.97

资料来源：同上表。

5.1.4　家庭人口的年龄分布

从西北五省（区）人口年龄构成的调查数据来看，0~14 岁少年被抚养人口约占调查总数的22.07%，15~59岁劳动力年龄人口约占比67.69%，60岁及以上老年人口约占比10.24%（见表5-4）。根据第七次全国人口普查结果显示，2020年全国人口中，0~14岁人口占比为17.95%，15~59岁人口占比为63.35%，60岁及以上人口占比为18.70%。比较而言，西北五省（区）所调查的人口年龄结构优于全国，其中，少儿占比与劳动力人口占比高于全国水平，而老年人口占比低于全国水平，这表明西北地区经济社会发展具有一定的人口年龄优势。

表5-4　家庭人口的年龄分布

单位：岁、%

年龄	陕西	甘肃	宁夏	新疆	青海	平均
0~14	21.69	21.89	22.58	23.06	21.14	22.072
15~59	64.05	65.32	69.43	71.21	68.42	67.686
60及以上	14.26	12.79	7.99	5.73	10.44	10.242
合计	100	100	100	100	100	100

资料来源：同上表。

5.1.5　家庭人口的受教育程度和结构

被调查户的人口文化平均构成中，中学文化程度占比46.52%，专科及以上学历占比17.89%，小学教育占比25.77%，学前教育占比4.92%，文盲比例仅占比4.91%，表明人口文化构成较高（见表5-5）。

表5-5　家庭人口的受教育程度和结构

单位：%

受教育程度	陕西	甘肃	宁夏	新疆	青海	平均
文盲	1.61	9.74	6.44	1.83	4.91	4.91
学前教育	3.58	4.67	7.43	7.27	1.64	4.92
小学	23.26	29.64	15.84	25.71	34.43	25.77
中学	51.61	38.05	49.5	47.53	45.9	46.52

续表

受教育程度	陕西	甘肃	宁夏	新疆	青海	平均
专科	5.81	6.28	9.9	6.75	4.1	6.57
本科及以上	14.13	11.62	10.89	10.91	9.02	11.31
合计	100	100	100	100	100	100

资料来源：同上表。

5.1.6 家庭外出工作人口的文化程度和结构

在被调查家庭外出工作人口分布中，本科及以上文化程度的占比高达 58.48%，中学文化程度的占比为 33.50%，小学占比为 6.42%，文盲占比最低，仅为 0.26%。具体到西北五省（区）虽有差异，但分布规律基本一致。说明家庭成员外出工作的文化程度有明显提高（见表 5-6）。

表 5-6 家庭外出工作人口的文化程度和结构

单位：%

文化程度	陕西	甘肃	宁夏	新疆	青海	平均
学前教育	0.35	2.17	2.33	1.90	0	1.35
文盲	0.35	0	0	0.94	0	0.26
小学	8.39	5.98	0	6.6	11.11	6.42
中学	38.81	36.41	18.60	29.24	44.44	33.50
专科	12.94	7.61	30.23	0.94	5.56	11.46
本科及以上	39.16	47.83	48.84	60.38	38.89	47.02
合计	100	100	100	100	100	100

资料来源：同上表。

5.1.7 家庭生育孩子的数量及其占比

从被调查家庭生育孩子的总体状况来看：生育一个孩子的家庭占比最高，为 38.45%；其次为生育两个孩子的，占比为 30.06%；生育三个及以上的，占比 6.73%；尚未生育的，占比为 24.77%。西北地区少数民族众多，整体生育率长期高于全国水平，二孩、三孩的生育比重相对较高，表示潜在的人力资源供给较多。然而，尚未结婚生育的比重也相对较大，与婚育成本上升和婚育观念变化等直接相关，和全国情况相似。

被调查家庭中，西北五省（区）之间的生育状况差异明显（见表5-7）。陕西的1孩比重较高，达44.33%；青海和宁夏的2孩比重较高，分别为38.71%和36.26%；新疆和宁夏的3孩占比相对较大，分别为10.19%和8.68%。

表5-7 家庭生育孩子的数量及其占比

单位：个、%

家庭生孩数量	陕西	甘肃	宁夏	新疆	青海	平均
0孩	22.27	32.46	18.69	31.07	19.35	24.77
1孩	44.33	39.48	36.37	34.95	37.1	38.45
2孩	28.78	22.76	36.26	23.79	38.71	30.06
3孩及以上	4.62	5.3	8.68	10.19	4.84	6.73
合计	100	100	100	100	100	100

资料来源：同上表。

5.1.8 家庭年总收入及其占比情况

从平均数来看，西北五省（区）2019年被调查家庭的年总收入及其占比情况如下：年收入1万~4万元的家庭比重最大，占39.05%；其次是年收入4万~8万元的家庭占比为28.56%；接着依次是年收入1万元以下的家庭占比为15.65%，年收入8万~15万元的家庭占比为14.23%，年收入15万~30万元的家庭占比为2.07%，年收入30万元以上的家庭仅占0.44%。分省（区）来看，年收入1万元以下家庭占比最高的是青海，占比为27.42%；年收入1万~4万元家庭占比较高的是宁夏和青海，分别为49.45%和46.77%；年收入4万~8万元家庭占比较高的有陕西和新疆，分别为36.13%和31.07%；年收入8万~15万元家庭占比较高的是陕西和新疆，分别为19.12%和16.50%；年收入15万~30万元家庭占比较高的是新疆和陕西，分别为3.88%和3.15%；年收入30万元以上家庭占比较高的是陕西和新疆，分别为1.47%和0.49%（见表5-8）。

表 5-8 家庭年总收入及其占比情况

单位：%

家庭年总收入	陕西	甘肃	宁夏	新疆	青海	平均
1 万元以下	9.04	18.9	8.8	14.08	27.43	15.65
1 万~4 万元 （不含 4 万元）	31.09	33.96	49.45	33.98	46.77	39.05
4 万~8 万元 （不含 8 万元）	36.13	30.97	25.27	31.07	19.35	28.56
8 万~15 万元 （不含 15 万元）	19.12	13.69	15.38	16.50	6.45	14.23
15 万~30 万元 （不含 30 万元）	3.15	2.24	1.1	3.88	0	2.07
30 万元以上	1.47	0.24	0	0.49	0	0.44
合计	100	100	100	100	100	100

资料来源：同上表。

5.2 西北五省（区）人力资源结构及从业结构调查分析

5.2.1 劳动力受教育程度

从所调查的劳动力受教育程度及其占比整体来看，拥有中等教育学历（含初中、高中、职高）的比重最高，占 55.15%；接受过大学及研究生教育的合计占 27.84%；小学占 12.08%；不识字或很少识字的仅占 4.93%。数据表明，30 多年来西北地区的教育得到了普遍性的快速发展，人口素质得到很大提升，但各地区占比不平衡。其中，甘肃的大学学历占比最高，为 33.58%，青海较低，为 20.97%；青海和陕西的中等教育学历较高，分别占 69.35% 和 62.39%；新疆和甘肃的小学文化比重较高，分别占 15.53% 和 15.3%；宁夏的不识字或很少识字的比重较大，占 12.09%（见表 5-9）。

表 5-9　劳动力受教育程度及其占比情况

单位：%

文化程度	陕西	甘肃	宁夏	新疆	青海	平均
不识字或很少识字	1.06	5.97	12.09	3.89	1.62	4.93
小学	10.5	15.3	10.99	15.53	8.06	12.08
初中/高中/职高	62.39	41.79	48.35	53.88	69.35	55.15
大学	24.16	33.58	26.37	25.24	20.97	26.06
研究生	1.89	3.36	2.2	1.46	0	1.78
合计	100	100	100	100	100	100

资料来源：同上表。

5.2.2　技术职称构成

从调查对象整体的技术职称结构来看，无职称者比重最大，占 70.61%，接着依次为初级职称者占到 13.91%，中级职称者占 10.37%，副高级职称者占 3.53%，高级职称者仅占 1.58%，与发达地区相比，西北地区所调查人口的技术职称整体偏低，不利于区内的技术升级和产业升级（见表 5-10）。

表 5-10　技术职称构成及比重

单位：%

职称	陕西	甘肃	宁夏	新疆	青海	平均
正高级	1.05	1.87	1.1	3.88	0	1.58
副高级	1.68	1.87	4.4	4.85	4.84	3.53
中级	14.08	8.58	7.69	15.05	6.45	10.37
初级	14.71	15.67	14.29	8.74	16.13	13.91
无职称	68.48	72.01	72.52	67.48	72.58	70.61
合计	100	100	100	100	100	100

资料来源：同上表。

5.2.3　选择工作的意愿

整体来看，被调查者选择工作的意愿频次中，希望"与家人在一起"工

作的最高，占 44.11%，反映了区内择业中人们的家庭观念较强；接着依次
为："收入较高"选择者占 36.25%，"单位好"选择者占 20.88%，"地方好"
选择者占 20.26%，"专业对口"选择者占 18.72，"务农无法选择"者占
15.87%，"说不清"和"其他"选择者分别占 8.49% 和 2.3%。其中，选择
"与家人在一起"比例频次最多的是宁夏，达 57.14%；选择"收入较高"比
例频次最多的是青海，达 56.61%；选择"地方好"和"单位好"比例频次
较高的是陕西，分别占 25.21% 和 24.16%；选择"专业对口"比例频次较高
的是青海，占 22.58%（见表 5-11）。

表 5-11　选择工作的意愿频次

单位：%

选择意愿	陕西	甘肃	宁夏	新疆	青海	平均
专业对口	15.97	17.16	20.88	16.99	22.58	18.72
收入较高	35.5	30.22	36.26	27.67	51.61	36.25
地方好	25.21	21.27	15.38	23.3	16.13	20.26
单位好	24.16	20.52	18.68	18.45	22.58	20.88
与家人在一起	43.49	39.93	57.14	46.12	33.87	44.11
务农无法选择	9.24	21.27	20.88	15.05	12.9	15.87
说不清	9.03	8.58	12.09	6.31	6.45	8.49
其他	2.73	3.36	3.3	0.49	1.61	2.30

资料来源：同上表。

5.2.4　从业者的行业分布

总体来看，除其他行业外，西北五省（区）的被调查家庭的从业者中，服
务行业最多，占 27.46%，接着依次为：政府、事业单位占 15.02%，企业主、
个体经营户占 14.96%，农林牧渔水利行业占 14.80%，制造业、建筑业占
13.26%，农业和服务业的从业人数相对较多。其中，陕西和青海的服务行业从
业比重最大，分别占 29.62% 和 37.10%；新疆从业于政府、事业单位的比重较
高，占 23.3%；甘肃从事农林牧渔水利行业的比重较高，占 23.13%（见表 5-12）。

表5-12 从业者的行业分布

单位：%

行业	陕西	甘肃	宁夏	新疆	青海	平均
农林牧渔水利行业	12.18	23.13	8.79	16.99	12.90	14.80
制造业/建筑业	18.70	8.58	7.69	13.59	17.74	13.26
政府/事业单位	10.92	16.42	13.19	23.30	11.29	15.02
企业主/个体经营户	18.49	11.57	17.58	22.33	4.84	14.96
服务行业	29.62	20.52	29.67	20.39	37.10	27.46
其他	10.09	19.78	23.08	3.40	16.13	14.50
合计	100	100	100	100	100	100

资料来源：同上表。

5.2.5 从业者的产业分布

从被调查家庭从业者的产业分布来看：从事第三产业的人数占比最高，为56.00%；其次是从事第一产业的，占比26.15%；最后是从事第二产业的，占比17.85%。其中，新疆和宁夏从事第三产业的人数占比较高，分别为66.02%和60.44%；甘肃从事第一产业的占比最高，为40.67%，青海从事第二产业的占比最高，为29.03%（见表5-13）。

表5-13 从业者的产业分布

单位：%

产业	陕西	甘肃	宁夏	新疆	青海	平均
第一产业	28.99	40.67	26.37	16.99	17.74	26.15
第二产业	16.60	13.43	13.19	16.99	29.03	17.85
第三产业	54.41	45.90	60.44	66.02	53.23	56.00
合计	100	100	100	100	100	100

资料来源：同上表。

5.2.6 从业者的单位性质

从被调查家庭从业者的单位性质来看：在私营企业工作的人数占比最高，

为 25.80%；其次是在公有单位（国有企事业单位）工作的占比为 24.31%；再次是从事个体户经营者，占比为 20.34%；接着依次为其他、自己创业、股份制企业、合资企业和外资企业，分别占比为：15.43%、6.37%、3.46%、2.77% 和 1.52%。从中可以看出西北地区从业的三个基本特点：一是就业的所有制形式多样化；二是民营经济就业比重大；三是公有经济吸纳就业的比重较高。具体来看，新疆和陕西在公有单位工作的占比较高，分别为 33.50% 和 27.31%；青海和陕西私营企业工作的人数占比较高，分别为 48.39% 和 29.41%；宁夏和新疆从事个体户经营者占比较高，分别为 29.67% 和 22.33%（见表 5-14）。

表 5-14 从业者的单位性质

单位：%

企业性质	陕西	甘肃	宁夏	新疆	青海	平均
公有	27.31	24.25	21.98	33.50	14.52	24.31
合资	5.04	2.23	1.10	3.88	1.61	2.77
外资	1.26	2.61	0	0.49	3.23	1.52
私营	29.41	15.67	17.58	17.96	48.39	25.80
股份制	2.31	1.49	2.20	4.85	6.45	3.46
自己创业	5.88	6.34	8.79	9.22	1.61	6.37
个体户	20.38	16.42	29.67	22.33	12.90	20.34
其他	8.41	30.99	18.68	7.77	11.29	15.43
合计	100	100	100	100	100	100

资料来源：同上表。

5.2.7 从业者参加培训情况

从被调查家庭从业者参加培训情况来看：参加过职业培训的占 27.14%，参加过技术培训的占 21.91%，而没有参加过任何培训者占半数以上，达 50.95%。其中，新疆参加过培训的比重较高，达到 55.83%；宁夏没有参加过培训的比重相对较高，达到 60.44%。从业者的职业、技术培训，是提高员工素质和技能水平的重要手段，也是企业提高技术水平和核心竞争力的根本保证，西北地区要调整、优化产业结构和劳动力结构，强化和提升员工培训的任务依然艰巨而重要（见表5-15）。

表5-15　从业者参加培训情况

单位：%

类别	陕西	甘肃	宁夏	新疆	青海	平均
技术培训	26.89	20.9	15.38	23.79	22.58	21.91
职业培训	32.14	27.99	24.18	32.04	19.35	27.14
没参加过	40.97	51.11	60.44	44.17	58.07	50.95
合计	100	100	100	100	100	100

资料来源：同上表。

5.2.8　从业者的社会保险状况

从西北五省（区）被调查家庭从业者有无社会保险状况来看，参保者占49.98%，未参保者占50.02%，与全国参保的平均水平差距较大。其中，新疆的参保比重较高，占56.8%；甘肃未参保的比重较高，占56.72%。根据目前企业的社保制度来看，公有企业、外企、合资企业和股份制企业的社保制度相对健全，而一些中小民营企业则相对薄弱。根据表5-14可以看出，青海和宁夏在私营企业和个体工商户从业的人数较多，这类企业对社保方面的重视程度和投入相对不足，导致从业者的参保比重不高。新疆的参保人数比没参保的高出13.6%，这与其在公有企业工作的人数相对较多有关（见表5-16）。

表5-16　从业者有无社会保险状况

单位：%

类别	陕西	甘肃	宁夏	新疆	青海	平均
有	49.79	43.28	51.65	56.80	48.39	49.98
无	50.21	56.72	48.35	43.20	51.61	50.02
合计	100	100	100	100	100	100

资料来源：同上表。

5.2.9　对现有工作的满意程度

从西北五省（区）被调查家庭从业者对工作的满意程度来看，满意者占68.94%，不满意者占22.11%，说不清者占8.95%。其中，新疆、甘肃的从业者对工作的满意程度较高，分别占79.13%和74.63%；青海、陕西的从业者对工作的不满意程度相对较高，分别占35.48%和27.52%（见表5-17）。

表 5-17　对现有工作的满意程度

单位：%

类别	陕西	甘肃	宁夏	新疆	青海	平均
满意	65.76	74.63	70.33	79.13	54.84	68.94
不满意	27.52	16.04	16.48	15.05	35.48	22.11
说不清	6.72	9.33	13.19	5.82	9.68	8.95
合计	100	100	100	100	100	100

资料来源：同上表。

5.2.10　在业者是否考虑过更换工作

从西北五省（区）被调查家庭在业者是否考虑过换工作来看，没考虑过者占57.25%，考虑过者占34.8%，其他占7.95%。其中，宁夏没考虑过换工作的人数较多，占68.13%，青海较少，仅占35.48%；青海考虑过换工作的人数较多，占53.23%，宁夏最少，仅占20.88%（见表5-18）。

表 5-18　在业者是否考虑过更换工作

单位：%

类别	陕西	甘肃	宁夏	新疆	青海	平均
没考虑过	53.15	64.94	68.13	64.56	35.48	57.25
考虑过	41.81	27.99	20.88	30.10	53.23	34.80
其他	5.04	7.07	10.99	5.34	11.29	7.95
合计	100	100	100	100	100	100

资料来源：同上表。

5.2.11　从业者个人月收入情况

从被调查家庭从业者个人月收入情况整体来看，月均收入 2000~4000 元的占比最高，为 39.07%，接着是 2000 元以内和 4000~6000 元，分别占比 27.8% 和 22.65%，而 6000~8000 元、8000~10000 元和 1 万以上较高月收入者占比较低，分别为 6.63%、2.15% 和 1.7%。其中，宁夏、陕西月均收入 2000~4000 元的占比较高，分别为 49.45% 和 40.76%；青海月收入 2000 元以内的占比较大，为 43.55%；新疆月收入 4000~6000 元的占比较大，为 33.5%；新疆、宁夏月收入 6000~8000 元的占比高于其他三省；陕西月收入 8000~10000 元和 1 万元以上者占比均高于其他四省（区）（见表 5-19）。

表 5-19　从业者个人月收入情况

单位：%

月收入	陕西	甘肃	宁夏	新疆	青海	平均
2000 元以内	22.27	34.33	20.88	17.96	43.55	27.80
2000~4000 元	40.76	37.31	49.45	38.82	29.03	39.07
4000~6000 元	22.69	17.91	19.78	33.50	19.35	22.65
6000~8000 元	6.39	4.85	7.69	7.77	6.45	6.63
8000~10000 元	3.99	2.61	1.10	1.46	1.62	2.15
10000 元以上	3.90	2.99	1.10	0.49	0	1.70
合计	100	100	100	100	100	100

资料来源：同上表。

5.3　人口流动与社会保障

5.3.1　对现有工作和生活状况的满意程度

从西北五省（区）被调查家庭从业者对现有工作和生活状况的满意程度来看，满意的占 65.4%，不满意的占 32%。其中，新疆、甘肃和宁夏的满意度占比较高，分别为76%、73%和70%；青海和陕西的不满意度占比较高，分别为49%和36%（见表5-20）。

表5-20　对现有工作和生活状况的满意程度

单位：%

类别	陕西	甘肃	宁夏	新疆	青海	平均
满意	61	73	70	76	47	65.4
不满意	36	24	29	22	49	32
其他	3	3	1	2	4	2.6
合计	100	100	100	100	100	100

资料来源：同上表。

5.3.2　愿意去收入较高的地方工作与生活

从西北五省（区）被调查家庭从业者是否考虑去收入较高的地方工作与生活，总体来看，考虑过的比重较高，占51.34%，没考虑过的占47.46%。其中，青海、陕西考虑过去收入较高的地方工作与生活的人数比重偏高，分别占63.1%和58.7%；宁夏、新疆没考虑过的比重较大，分别占59.7%和51.9%。表明西北地区民众想外迁到经济发达地区的心态较重，这和当地经济欠发达和收入较低直接相关，见表5-21。

表5-21　是否考虑去收入较高的地方工作与生活

单位：%

类别	陕西	甘肃	宁夏	新疆	青海	平均
考虑过	58.70	48.50	39.00	47.40	63.10	51.34
没考虑过	39.60	49.70	59.70	51.90	36.40	47.46
其他	1.70	1.80	1.30	0.70	0.50	1.20
合计	100	100	100	100	100	100

资料来源：同上表。

5.3.3　人口流动对流入地带来的积极影响

西北五省（区）的调查者认为，人口流动能为流入地带来积极效应。从整体来看，搞活经济和市场、增加人才和劳动力两项占比较高，分别为27.26%和24.5%；接着依次是带来新技术新理念占16.52%、房租收入增加占16.36%和增加当地收入占14.82%。对此问题的回应，西北五省（区）被调查者的差距不大，反映了人口流动对劳动人口优化布局、经济繁荣和收入增加的积极评价（见表5-22）。

表5-22　人口流动对流入地带来的积极影响

单位：%

类别	陕西	甘肃	宁夏	新疆	青海	平均
增加人才和劳动力	26.65	24.67	26.30	23.30	21.60	24.50
搞活经济和市场	27.05	25.33	27.40	26.10	30.40	27.26
带来新技术新理念	16.10	18.62	17.70	13.70	16.50	16.52
增加当地收入	14.71	16.38	10.90	18.50	13.60	14.82
房租收入增加	15.29	14.30	17.20	18.00	17.00	16.36
其他	0.20	0.70	0.50	0.40	0.90	0.54
合计	100	100	100	100	100	100

资料来源：同上表。

5.3.4　人口流动对流入地带来的不利影响

调查者认为，人口过度集中也会产生不利影响，其占比排序为："就业竞争加剧"占29.34%，"交通、住房和环境压力增大"占28.85%，"上学和就医紧张"占22.53%，"治安形势严峻"占17.96%。对此，西北五省（区）的调查结果差距不大，反映了西北人民对城乡之间和区域之间均衡发展的渴望（见表5-23）。

表 5-23　人口流动对流入地带来的不利影响

单位：%

类别	陕西	甘肃	宁夏	新疆	青海	平均
治安形势加剧	13.93	18.70	18.23	22.55	16.40	17.96
就业竞争加剧	28.82	26.80	28.32	31.31	31.90	29.43
上学和就医紧张	26.78	24.20	21.90	18.45	21.30	22.53
交通、住房和环境压力增大	28.64	29.40	30.50	26.22	29.47	28.85
其他	1.83	0.90	1.05	1.47	0.93	1.24
合计	100	100	100	100	100	100

资料来源：同上表。

5.3.5　调查家庭在流入地工作或生活的时间分布

调查显示，调查家庭在流入地工作或生活的时间分布按时间长短依次为：6 年以上者约占 38.81%，3～6 年者约占 29.36%，6 个月至 3 年者约占 23.33%，6 个月以内者仅占 8.49%。其中，宁夏的外来人口在流入地工作或生活 6 年以上的占比较大，达 55.3%；青海 3～6 年的占比较高，为 49.12%；甘肃 6 个月至 3 年的占比较多，为 39.34%；新疆、陕西 6 个月以内的占比稍多，分别为 13.71% 和 12.43%（见表 5-24）。数据表明，西北五省（区）的外来人口在流入地工作或生活的时间九成以上在半年以上，三年以上及六年以上者占近七成，他们所带来的人力、技术、资金、理念等，对西北地区劳动力结构优化升级及其对经济社会发展的贡献作用巨大。

表 5-24　在流入地工作或生活的时间

单位：%

时间	陕西	甘肃	宁夏	新疆	青海	平均
6 个月以内 （不含 6 个月）	12.43	3.26	5.44	13.71	7.61	8.49
6 个月至 3 年 （不含 3 年）	25.15	39.34	14.23	14.82	23.13	23.33

时间	陕西	甘肃	宁夏	新疆	青海	平均
3~6 年 （不含 6 年）	23.47	22.30	25.03	26.89	49.12	29.36
6 年以上	38.95	35.10	55.30	44.58	20.14	38.81
合计	100	100	100	100	100	100

资料来源：同上表。

5.3.6　外来人口从事的主要工作种类

从外来人口在西北各地所从事的工作（产业）类型来看，服务业占比较高，为 38.9%；接着依次是基建与制造业占 33.3%、个体经营占 25.62%。其中，陕西外来人口从事服务业的比重较大，占 42.6%；宁夏外来人口从事基建与制造业的比重较大，占 40.24%；青海外来人口从事个体经营户的比重较大，占 37.30%（见表 5-25）。

表 5-25　外来人口从事的主要工作种类

单位：%

类别	陕西	甘肃	宁夏	新疆	青海	平均
基建与制造业	34.74	35.60	40.24	31.62	24.30	33.30
服务业	42.60	37.20	41.13	37.08	36.50	38.90
个体经营	20.36	24.40	16.76	29.30	37.30	25.62
其他	2.30	2.80	1.87	2.00	1.90	2.17
合计	100	100	100	100	100	100

资料来源：同上表。

5.3.7　人口流动的因由

人口流动是劳动力资源有效配置的前提，受多种因素影响。西北五省（区）调查数据表明，影响人口流动的主要因素按比重排序分别是：流入地的发展机会多，占 31.19%；随家迁居占 21.22%；便于子女升学占 18.71%；收入较高占 18.29%；公共服务健全占 8.63%（见表 5-26）。改革开放 40 多年来，西北农村人口持续大规模地向城镇（特别是大中城市）流动并在第二、三产业就业是一个基本趋势，但近年来随着西部农村脱贫攻坚的全面推进，农村地区基础设施不断完善，特别是乡村振兴战略、国家西部大开发战略的全面实施，以及陆上丝绸之路西向发展的开放力度加大，广袤的西北地区迎来了空前的发展机会，投资、贸易日渐活跃，以前的跨省人口流动减少，西北地区省（区）内的人口流动增大，且回流人口和吸引外地人口流入日益增多。2020 年，东部地区吸收跨省流动人口 9181 万人，占比达 73.54%；中部地区吸收 955 万人，占比为 7.65%；西部地区吸收 1880 万人，占比 15.06%；东北部地区吸收 468 万人，占比仅 3.75%。改革开放以来，中国人口迁移经历了从"孔雀东南飞"到 2010 年后的回流中西部，再到近年的粤浙人口再集聚和回流中西部并存（任泽平，2023）。

表 5-26　人口流动的主要原因

单位：%

类别	陕西	甘肃	宁夏	新疆	青海	平均
收入较高	19.38	14.25	25.68	15.38	16.78	18.29
便于子女升学	25.50	17.34	13.21	18.55	18.93	18.71
发展机会多	35.01	31.56	25.02	34.12	30.24	31.19
随家迁居	10.01	21.61	28.15	23.46	22.85	21.22
公共服务健全	8.80	12.27	6.34	6.12	9.62	8.63
其他	1.30	2.97	1.60	2.37	1.58	1.96
合计	100	100	100	100	100	100

资料来源：同上表。

5.3.8　被调查者的住房性质

从调查户的现有住房性质来看，呈现出多样性。其中，宅基地自建房占比较大，为 30.78%；接着依次为：商品房占 21.84%，单位宿舍占 14.86%，廉租房占 11.78%，集资建房占 10.68%，经济适用房占 7.21%。西北五省

（区）数据在六项指标中虽有差异，但差异不大（见表5-27）。总之，西北地区调查户居民的住房商品化率较低，宅基地自建房率较高，廉租房和经济适用房比重不高，与区域城镇化水平较低、收入水平较低以及地方政府财力有限等息息相关。

表5-27 被调查者的住房性质

单位：%

住房性质	陕西	甘肃	宁夏	新疆	青海	平均
商品房	27.53	20.45	23.16	17.41	20.66	21.84
廉租房	12.34	11.64	11.32	12.63	10.98	11.78
集资建房	12.16	9.73	10.15	11.25	10.12	10.68
宅基地自建房	27.23	32.59	33.49	32.96	27.65	30.78
单位宿舍	13.71	13.51	15.34	14.47	17.29	14.86
经济适用房	4.77	8.21	4.38	8.93	9.76	7.21
其他	2.26	3.87	2.16	2.35	3.54	2.84
合计	100	100	100	100	100	100

资料来源：同上表。

5.3.9 人口流入地较流出地的收入增长情况

城乡经济差距和收入差距所形成的二元结构，是乡村人口向城镇流动的经济原因。西北五省（区）的调查表明，现工作地与流出地（农村）相比，所得收入大幅提高。整体来看，收入较流出地相比增加3倍和2倍的占比较大，分别为37.67%和32%，4倍及以上占比为17.64%，1倍占8.72%，而认为变化不大的仅占3.96%。2022年全国农村居民人均可支配收入达到20133元，城乡居民人均收入比为2.45，比2021年缩小0.05（农业农村部，2023）。由于西北农村地区收入水平较低，与城镇收入水平相比的差距应该大于全国平均水平，因此，上述调查汇总数据的可信度较高。当然，西北五省（区）的发展参差不齐，收入水平存在着地区差异（见表5-28）。

表 5-28　人口流入地较流出地的收入增长情况

单位：%

收入增长	陕西	甘肃	宁夏	新疆	青海	平均
1 倍	7.70	8.41	9.32	8.98	9.21	8.72
2 倍	27.17	32.88	34.76	32.32	32.86	32.00
3 倍	38.21	39.93	35.87	36.84	37.52	37.67
4 倍及以上	23.68	15.52	14.60	18.62	15.78	17.64
变化不大	3.24	3.26	5.45	3.24	4.63	3.96
合计	100	100	100	100	100	100

资料来源：同上表。

5.3.10　老人养老的主要方式

让每个老年人安度晚年是我国基本的社会目标之一。西北五省（区）的被调查者对于养老方式的选择差距不大，整体来看，赞成居家养老的比重最大，为 48.88%；其次是社区养老，占比为 24.38%；接着依次是：敬老院养老占 17.16%，劳动自养占 9.09%。居家养老为主体，社区养老、敬老院养老与智慧养老相结合，是今后养老的基本形式（见表 5-29）。

表 5-29　老人养老的方式选择

单位：%

类别	陕西	甘肃	宁夏	新疆	青海	平均
居家养老	51.84	47.24	52.8	54.17	38.33	48.88
社区养老	23.68	22.82	24.67	15.5	35.21	24.38
敬老院养老	12.95	18.73	14.32	19.5	20.32	17.16
劳动自养	10.67	10.21	8.21	10.23	6.14	9.09
其他	0.86	1.00	0	0.60	0	0.49
合计	100	100	100	100	100	100

资料来源：同上表。

5.3.11 家庭参加基本医疗保险状况

西北五省（区）被调查家庭参加医疗保险的数据显示，全家参保的占比最高，达83.09%，给老人参保的占7.92%，给子女参保的占3.53%，无人参保的仅占5.46%；五省（区）的医疗参保情况差别不大（见表5-30）。如果把表中所给出的"老人参保"和"子女参保"作为干扰项或参考项，除去"无人参保"的5.46%，真实的参加社会医疗保险人数应该在90%以上，略低于全国平均水平。截至2022年年底，全国基本医疗保险参保人数达134592万人，参保率稳定在95%以上。

表5-30 家庭参加基本医疗保险状况

单位：%

类别	陕西	甘肃	宁夏	新疆	青海	平均
全家参保	80.11	81.13	81.47	86.41	86.32	83.09
老人参保	10.34	8.87	8.03	6.32	6.04	7.92
子女参保	4.26	4.14	4.5	2.21	2.55	3.53
无人参保	5.29	5.86	6	5.06	5.09	5.46
合计	100	100	100	100	100	100

资料来源：同上表。

第6章　人口与产业耦合协调度对农民收入增长的影响研究

　　人口生产的数量、质量、结构与物质资料生产的数量、质量、结构相互适应，是马克思主义两种生产理论的基本内涵，人口结构与产业结构相互依存、相互影响。更多的人口将会使用更多的能源，将会让经济与环境付出代价，产生资源与人口之间的矛盾。对欧洲15个国家的研究表明，人口结构与经济的关系具有阶段性，发现当劳动人口最多时，经济呈现快速发展，随着老龄人口的增加，国内GDP呈现下降趋势。不仅是人口的生育率、人口的年龄结构、人口的老龄化与经济相互影响，人口质量与经济的关系也密不可分，经济的高速发展也会进一步促进人口素质的提高。对巴基斯坦1970—1971年和2008—2009年的实际国内生产总值、劳动力、物质资本与教育进行数据分析，探索巴基斯坦的教育与经济增长之间的协调关系与因果关系，发现高等教育对经济的贡献最大，提倡更多地投资大学教育。人口老龄化将会极大地促进与医疗相关的服务业的发展，对制造业和采掘业、农业的影响较小，但是会抑制教育、生活消费型服务业以及能源生产的相关行业的发展。人口结构变化对经济效率具有显著的影响，少儿抚养比的增加会促进经济效率的提升，而老年抚养比和总抚养比的增加会抑制经济效率的提升，人口结构变化对经济效率的影响在地区间表现出明显的不同。人口文化结构、城乡结构和性别结构等对广东省产业结构影响较大，产业高级化、产值结构对广东省人口结构影响较大。产业结构对人口结构的影响主要表现在人口的性别结构、年龄结构和空间结构，人口结构与产业结构是相互影响的。

对 2001—2014 年我国人口结构与产业结构间的耦合协调度进行了测算，并用静态面板数据模型、动态面板数据模型和空间计量模型对经济增长与耦合协调度进行实证分析，发现人口结构与产业结构间耦合协调度对经济增长有促进作用，耦合协调度还存在着空间相关性，一个地区的耦合协调度对其相邻地区具有"空间溢出"作用。利用中国 31 个省区的面板数据的灰色关联分析发现：2006—2017 年人口结构系统与产业结构升级系统耦合度呈"倒 U 形"关系，大部分省份为拮抗型和磨合型，呈现空间聚集性和梯度分布特征，拮抗型与低水平协调型地区大多集中在中西部地区，而协调型和耦合型地区大多集中在东部地区。运用耦合协调度模型和空间计量模型，研究了 2007—2018 年黄河流域 9 省份的人口—经济—环境系统耦合协调度时空特征表明，黄河流域人口—经济—环境系统的耦合协调度在波动中呈上升态势。运用耦合协调模型，从规模、结构、质量、驱动和生态五个方面构建人口与产业发展指标体系，发现西部地区人口与产业发展综合耦合协调类型演变经历了2006 年至 2015 年的衰退阶段、2016 年至 2020 年的过渡阶段，按照变化趋势，西部地区综合耦合协调度持续增长。

上述观点表明：人口结构和产业结构之间相互影响。过快的人口增长会影响经济增长和生态环境，发展高等教育、扩大人力资本投资来提高人口质量，有助于促进经济增长，而经济增长也有利于提高人口素质。人口老龄化对工农业等实体经济的影响较小。我国人口结构与产业结构之间的耦合协调度不断提高，耦合协调度东部高、中西部低的区域差异明显，但西部地区正在不断改善。现有的研究侧重于人口结构与产业结构的耦合协调度对区域经济增长的影响方面，但用来研究影响农民收入增长、特别是西北地区欠发达农村农民收入增长问题的论著鲜见。本书以西北五省（区）的人口与产业长期发展相关数据为基础，以发展经济学理论为指导，运用耦合协调度模型等方法，拟从人口结构与产业结构的耦合协调度视角，考察其对农民收入增长产生的正向影响，并给出相应的对策建议。

6.1 人口与产业结构耦合模型的建立与分析

6.1.1 数据来源与指标选取

本文以 2000—2020 年陕西省、甘肃省、宁夏回族自治区、青海省、新疆维吾尔自治区五省（区）的数据为样本，数据来源于《中国统计年鉴》《陕西省统计年鉴》《甘肃省统计年鉴》及统计公报、国家统计局网站及其他省份统计年鉴等。

本文借鉴方大春、吴定玉等研究常用的人口结构与产业结构的指标选取方法。

一级指标有人口结构和产业结构。人口结构，包括人口规模、城乡结构、年龄结构、从业结构、教育结构和性别结构 6 个二级指标。其中，人口规模为年末人口数；城乡结构为城镇化率；年龄结构包括 0~14 岁人口比重、15~64 岁人口比重、65 岁及以上人口比重和人口抚养比；从业结构包括第一产业就业人数比重、第二产业就业人数比重和第三产业就业人数比重；教育结构包括小学以下学历比重、中学文化学历比重、大专及以上学历比重和人均受教育年限；性别结构为男女性别比。

产业结构，包括产值结构、产业结构合理化和产业结构高级化 3 个二级指标。产值结构包括第一产业产值比重、第二产业产值比重和第三产业产值比重；产业结构合理化用泰尔指数表示；产业结构高级化用第三产业产值与第二产业产值的比值表示。

人口结构和产业结构每个二级指标通过耦合协调度模型计算，可得出其综合水平指数和耦合协调度（见表 6-1）。

表 6-1　人口与产业结构指标体系

目标系统	一级指标	二级指标	三级指标	单位
人口结构与产业结构耦合协调度	人口结构	人口规模	年末总人口	万人
		城乡结构	城镇化率	%
		年龄结构	0~14 岁人口占总人口数的比重	%
			15~64 岁人口占总人口数的比重	%
			65 岁及以上人口占总人口数的比重	%
			人口总抚养比	%
		从业结构	第一产业就业人数占总就业数的比重	%
			第二产业就业人数占总就业数的比重	%
			第三产业就业人数占总就业数的比重	%
		教育结构	小学以下学历人口所占比重	%
			中学文化学历人口所占比重	%
			大专及以上学历人口所占比重	%
			人均受教育年限	年/人
		性别结构	男女性别比	%
	产业结构	产值结构	第一产业产值占总产值的比重	%
			第二产业产值占总产值的比重	%
			第三产业产值占总产值的比重	%
		高级化	第三产业产值与第二产业产值的比值	%
		合理化	泰尔指数	—

6.1.2　耦合模型建立

不同类型的指标数据具有不同的单位，需要对数据进行标准化处理。评价指标分为正向指标，代号为 x_{iz} 和负向指标，代号为 x_{if}，其计算公式分别为：

$$x_{iz} = \frac{x_i - x_{\min}}{x_{\max} - x_{\min}} \qquad (6-1)$$

$$x_{if} = \frac{x_{\max} - x_i}{x_{\max} - x_{\min}} \tag{6-2}$$

式中：x_i 是第 i 项指标的具体值；$x_{\max}$ 和 $x_{\min}$ 为最大值和最小值；i 表示指标个数；$i = 1, 2, 3 \cdots n$。

数据进行标准化后，采用变异系数进行指标赋权为：

$$w_i = \frac{v_i}{\sum_{i=1}^{n} v_i} \tag{6-3}$$

$$v_i = \frac{\sigma_i}{\bar{x}_i} \tag{6-4}$$

式中：w_i 是第 i 项指标权重；v_i 是第 i 项指标变异系数；σ_i 是第 i 项指标标准差；$\bar{x}_i$ 为平均值。

指标完成赋权后，构建综合水平指数为：

$$Y_1 = \sum_{i=1}^{n} x_{ib} w_i \tag{6-5}$$

$$Y_2 = \sum_{i=1}^{n} x_{ib} w_i \tag{6-6}$$

式中：Y_1 和 Y_2 分别表示人口与产业结构的综合水平指数；x_{ib} 表示第 i 项指标标准化后的数值。

耦合度模型为：

$$C = 2\sqrt{\frac{Y_1 \cdot Y_2}{(Y_1 + Y_2)(Y_1 + Y_2)}} \tag{6-7}$$

式中：C 表示产业结构与人口结构的耦合度。

耦合协调度模型为：

$$Y = \alpha Y_1 + \beta Y_2 \tag{6-8}$$

$$D = \sqrt{C \cdot Y} \tag{6-9}$$

式中：D 为产业结构与人口结构的耦合协调度；α 和 β 是待估参数，基于人口结构和产业结构同样重要，所以 α 和 β 赋值为 0.5。

6.1.3 耦合结果及分析

1. 人口与产业耦合结果

基于西北五省（区）2000—2020 年的数据，首先测算出人口结构与产业结构综合指数，再一步计算出耦合协调度。西北五省（区）的耦合协调度见表 6-2。

表 6-2　人口结构与产业结构耦合协调度

年份	陕西	宁夏	青海	新疆	甘肃
	D1	D2	D3	D4	D5
2000	0.348	0.263	0.329	0.314	0.357
2001	0.311	0.306	0.328	0.337	0.363
2002	0.324	0.331	0.377	0.369	0.393
2003	0.401	0.373	0.408	0.371	0.408
2004	0.433	0.386	0.431	0.376	0.423
2005	0.430	0.408	0.438	0.436	0.329
2006	0.454	0.418	0.463	0.430	0.340
2007	0.469	0.426	0.483	0.463	0.351
2008	0.481	0.473	0.473	0.466	0.363
2009	0.512	0.506	0.487	0.499	0.392
2010	0.552	0.461	0.524	0.487	0.411
2011	0.56	0.476	0.534	0.515	0.441
2012	0.484	0.495	0.546	0.515	0.466
2013	0.503	0.514	0.544	0.554	0.486
2014	0.519	0.552	0.562	0.559	0.506
2015	0.542	0.569	0.582	0.569	0.535
2016	0.558	0.586	0.590	0.564	0.549
2017	0.570	0.594	0.599	0.583	0.562
2018	0.578	0.581	0.599	0.568	0.545

续表

年份	陕西	宁夏	青海	新疆	甘肃
	D1	D2	D3	D4	D5
2019	0.597	0.592	0.587	0.555	0.548
2020	0.592	0.613	0.594	0.596	0.570

2. 耦合结果分析

根据孙钰（2019）等对耦合协调度的划分标准，西北五省（区）人口—产业耦合协调度大致经历了四个阶段：轻度失调，耦合协调度较低，基本在 [0.3~0.4)；濒临失调，耦合协调度在 [0.4~0.5)；勉强协调，耦合协调度在 [0.5~0.6)；初级协调，耦合协调度有所增长，在 [0.6~0.7)，但是截至 2020 年，初级协调阶段只有宁夏达到了。宁夏、陕西分别在 2010、2012 年人口—产业耦合协调度出现波动，随后稳步上升。甘肃人口—产业耦合协调度波动相对较大。

从表 6-2 可以看出，西北五省（区）的人口与产业结构在近 21 年间呈现出波动上升的趋势。表明进入 21 世纪以来，西北五省（区）的人口与产业的协调发展状况整体出现好转，尤其是 2012 年以来，西北五省（区）的人口与产业的协调发展稳步提升。受我国产业结构持续、全面调整的影响，西北五省（区）的产业结构升级与人口结构优化相协调，人口与产业结构耦合协调度逐步提升。虽然西北五省（区）的人口与产业结构耦合协调度提升趋势整体保持一致，但考虑到政策和各省（区）内部情况的特殊性，西北五省（区）人口与产业的发展协调程度的差别是否与其农村居民收入之间存在着影响关系值得探索。

6.2 耦合协调度对农村居民收入影响的实证分析

6.2.1 变量选取

被解释变量为农村居民人均可支配收入（KZP）。

解释变量为人口与产业耦合协调度（D），建立人口结构与产业结构两大体系，采用变异系数法分别计算出西北五省（区）人口结构与产业结构的耦合协调度。

影响农村居民人均可支配收入的因素有很多，通过已有的研究可知财政支农、交通状况、农业受灾面积、农作物种植总面积、对外开放程度、城镇化水平等对农村居民人均可支配收入产生影响。考虑到农村居民的收入可能受到城镇居民失业率的影响，当城镇就业形势不佳时，也会影响到农村居民的非农就业收入。故而，以城镇居民失业率（SYL），农业受灾程度（SZZB）：农业受灾面积占总播种面积的比重、进出口总额（JCKZE），交通便利度（JTTDD）：公路运营里程占省区总面积的比重，农作物总播种面积（BZMJ）为控制变量。

为了使数据消除异方差，不改变原数据的协整关系，因此对所有变量取对数，记农村居民人均可支配收入对数值（代号 LNK）、产业—人口结构耦合协调度对数值（代号 LND）、城镇居民失业率对数值（LNS）、农业受灾程度对数值（代号 LNZ）、进出口总额对数值（代号 LNJ）、交通便利度对数值（代号 LNT）和农作物总播种面积对数值（代号 LNB）。

6.2.2　变量的描述性统计

表 6-3 为采用 2000—2020 年西北五省（区）的面板数据构成的描述性统计，各变量中 LNJ 的标准差为 1.43，LNT 的标准差为 1.288，说明这两个变量大部分数值和其平均值之间差异较大。其余变量的标准差均在 0~1 之间，表明数据比较稳定。

表 6-3　变量的描述性统计

名称	样本量	最小值	最大值	平均值	标准差	中位数
LNK	105	7.285	9.551	8.396	0.707	8.390
LND	105	-1.336	-0.489	-0.742	0.200	-0.695

名称	样本量	最小值	最大值	平均值	标准差	中位数
LNS	105	0.742	1.526	1.225	0.192	1.253
LNZ	105	0.922	4.384	3.251	0.634	3.368
LNJ	105	9.679	15.586	12.778	1.430	12.843
LNT	105	-2.429	2.550	0.510	1.288	0.688
LNB	105	6.146	8.745	7.653	0.864	8.209

6.2.3 模型构建

$$LNK_{it} = C + \theta_0 LND_{it} + \sum_{j=1}^{n} \theta_j LNControl_{it} + u_i + \varepsilon_{it} \qquad (6-10)$$

式中：LNK 表示农村居民可支配收入对数值，$LNControl$ 表示控制变量的对数值；u_i 表示个体固定效应；ε 表示随机误差项；i 代表省区，t 代表时间，$j=1$、2、3…n 表示控制变量的个数。

6.2.4 面板回归及结果分析

首先进行模型检验，便于找出最优模型，从表6-4可知：F 检验呈现出 5%水平的显著性，$F(4, 94) = 18.477$，$p = 0.000 < 0.05$，意味着相对 POOL 模型而言，FE 模型更优。BP 检验呈现出 5%水平的显著性，$\chi^2(1) = 78.095$，$p = 0.000 < 0.05$，意味着相对 POOL 模型而言，RE 模型更优。Hausman 检验呈现出 5%水平的显著性，$\chi^2(5) = 96.995$，$p = 0.000 < 0.05$，意味着相对 RE 模型而言，FE 模型更优。回归结果见表6-5。

表6-4 模型检验结果

检验类型	检验目的	检验值	结论
F 检验	FE 模型和 POOL 模型比较选择	$F(4, 94) = 18.477$, $p = 0.000$	FE 模型
BP 检验	RE 模型和 POOL 模型比较选择	$\chi^2(1) = 78.095$, $p = 0.000$	RE 模型

续表

检验类型	检验目的	检验值	结论
Hausman 检验	FE 模型和 RE 模型比较选择	$\chi^2(5) = 96.995,\ p = 0.000$	FE 模型

注：F 检验为联合假设检验，BP 检验是对是否存在异方差的问题的检验，Hausman 检验是豪斯曼检验，FE 模型是固定效应模型，POOL 模型是混合估计模型，RE 模型是随机效应模型。p 表示显著性值，χ^2 是卡方统计量，F 值是 F 检验统计量。

表 6-5　面板回归结果

项	Coef	Std. Err	t	p	95% CI
截距	8.058	1.984	4.061	0.000 **	4.168~11.947
LND	1.232	0.252	4.893	0.000 **	0.738~1.726
LNS	−1.101	0.15	−7.343	0.000 **	−1.394~−0.807
LNZ	−0.199	0.035	−5.76	0.000 **	−0.266~−0.131
LNJ	0.154	0.042	3.647	0.000 **	0.071~0.236
LNT	0.337	0.096	3.505	0.001 **	0.149~0.526
LNB	0.145	0.223	0.653	0.516 *	−0.291~0.582
$F(6, 94) = 288.810,\ p = 0.000$					
$R^2 = 0.128,\ R^2\ (\text{within}) = 0.949$					

注：Coef 为回归系数，Std. Err 为标准误差，t 代表回归系数的显著性检验数值，p 表示显著性值，95% CI 为 95% 置信区间，* 为 5% 水平上显著，** 为 1% 水平上显著。

从表6-5可知：针对人口与产业耦合协调度（LND）而言，其呈现出 0.01 水平的显著性（$t = 4.893$，$p = 0.000 < 0.01$），并且回归系数值为 1.232>0，说明人口与产业耦合协调度（LND）对农村居民人均可支配收入（LNK）会产生显著的正向影响关系，且当人口与产业耦合协调度每变动一个单位对农村居民收入的边际贡献率为 1.232 个单位。可见，人口与产业耦合协调度会促进农村居民收入的增长，即当人口结构与产业结构协调发展时会促使生产效率提高，社会经济环境的整体水平提高有利于农村居民收入来源多样性，共同促进农民收入水平增长。

城镇居民失业率（LNS）呈现出 0.01 水平的显著性（$t = -7.343$，$p = 0.000 < 0.01$），并且回归系数值为 $-1.101 < 0$，说明城镇居民失业率（LNS）对农村居民人均可支配收入（LNK）会产生显著的负向影响关系。因为城镇就业环境的恶化会影响到农村居民进城就业的机会和非农收入的增长，因此，城镇居民的失业率对农村居民人均可支配收入的影响效果显著为负。

农业受灾程度（LNZ）呈现出 0.01 水平的显著性（$t = -5.76$，$p = 0.000 < 0.01$），并且回归系数值为 $-0.199 < 0$，说明农业受灾程度（LNZ）对农村居民人均可支配收入（LNK）会产生显著的负向影响关系。当农作物受灾面积增大、程度严重时，农作物产量下降、整体效益降低，最终反映为农民的务农收入减少。

进出口总额（LNJ）呈现出 0.01 水平的显著性（$t = 3.647$，$p = 0.000 < 0.01$），并且回归系数值为 $0.154 > 0$，说明进出口总额（LNJ）对农村居民人均可支配收入（LNK）会产生显著的正向影响关系。交通便利度（LNT）呈现出 0.01 水平的显著性（$t = 3.505$，$p = 0.001 < 0.01$），并且回归系数值为 $0.337 > 0$，说明交通便利度（LNT）对农村居民人均可支配收入（LNK）会产生显著的正向影响关系。即进出口总额度增加和交通便利度提高，会促进农村居民人均可支配收入显著提高。对外贸易发展和交通便利程度提升，能够扩大农产品销售的国际市场，拓宽农民参与国际贸易的就业渠道，有利于实现其收入增长的多元化。

针对农作物总播种面积（LNB）而言，其并没有呈现出显著性（$t = 0.653$，$p = 0.516 > 0.05$），因而说明农作物总播种面积（LNB）对农村居民人均可支配收入（LNK）不会产生影响关系。

由此可知，农作物的播种总面积对农村居民人均可支配收入没有特别显著的影响。

6.3　结论

我国开启全面建成社会主义现代化强国的新时代,西北地区正面临着创新发展的重大机遇。发挥区内比较优势和后发优势,加快构建现代化产业体系,全面提高人口和劳动力素质,拓宽外向型经济,不断提高农民收入水平。

6.3.1　基本结论

西部大开发战略和新丝绸之路战略的持续推进,区内人口与产业之间的耦合协调度将会不断提升,城镇化、现代化步伐加快,二元结构日趋一元化,农民收入水平将会持续提高。区内人口—产业耦合协调度在 2000—2020 年间,整体呈现出波动上升趋势,2012 年以来稳步提升。数据回归结果表明,区内人口与产业的耦合协调度对农村居民收入的影响在 0.01 的水平下显著,且当人口与产业耦合协调度每变动一个单位对农村居民收入的边际贡献率为1.232 个单位,人口与产业耦合协调度会促进农民收入的增长。进出口总额和交通便利度也是影响区内农民收入增长的重要因素。

6.3.2　对策建议

充分利用国家给予西北地区发展的重大战略机遇,加强基础设施建设,协同谋划经济社会高质量发展的重大指向、重大政策、重大产业、重大工程,把区内的功能优势、资源优势、区位优势转化为推动现代化建设的发展优势。加快构建现代化产业体系,持续完善基础设施网络,发展数字经济,壮大县域经济,全面推进乡村振兴,依靠科技创新催生发展新动能,加快区内产业结构升级步伐。不断提升区内人力资源质量,构建适应区内现代化发展需要的学科、专业和技能体系,持续开展适用人才特别是职业农民、农业经理人的培养、培训,不断完善区内的用人、留人和吸引人的体制机制。努力发挥"一带一路"向西开放发展的区位优势,拓宽农民参与国际贸易(如跨境电商、跨境数字贸易）的就业渠道和收入增长的多元化。

随着中亚铁路建设并向西亚、南欧延伸，西北地区的陆权中心地位将大幅提升，新丝路经济带复兴的前景光明，区内相关的煤炭石化产业、新能源产业、旱作农业产业、畜牧产业、沙漠绿化产业和文教旅游产业等支柱产业，与沿线国家的合作共赢发展潜力十分巨大，通过广泛参与外向经济提升区内人口与产业持续协调发展的质量水平，将会持续提高农民收入水平，加快现代化建设步伐。

第7章 育龄人群二孩生育意愿及影响因素分析——以陕西为例

7.1 引言

我国实行了30多年的以控制人口增长为核心的计划生育政策，有效地遏制了人口过快增长的势头，为经济社会持续发展赢得了时间和空间，实现了低生育水平，完成了发达国家200多年的人口转变过程。然而，快速的人口转变也造成了严重的人口结构性矛盾：出生人口性别比持续偏高、严重少子化、老龄化和劳动人口减少等系统性人口难题。面对过低生育水平和人口结构性矛盾，党的十八届三中全会和五中全会分别出台了"单独二孩"和"全面二孩"政策。自2016年实施"全面二孩"政策以来，根据国家统计局公布的数据，政策开放后的前两年政策效应集中释放，效果显著，二孩出生数量明显增加。但由于一孩生育数量的减少，2018年人口自然增长率仅为3.81‰，下降了1.51个千分点，出生人口比2017年减少了200万人。从长远看，未来中国出现人口负增长的局面将不可避免。

目前，学术界对于生育意愿的研究较多，大致可分为两类。一是基于全国层面调查数据分析。陈煜婷（2017）利用2013年CGSS数据，以城镇已婚就业人群为分析对象，探讨了职业结构、时间分配和性别观念与两性生育意愿之间的关系。宋德勇等（2018）采用CGSS（2013）的数据，从作用效应和作用机制两个层面，采用 OLS、Probit、负二项回归等实证方法，探究了教育对生育及"二孩"意愿的影响。陈秀红（2019）基于 2016 年流动人口动态监测数据，通过构建流动人口家庭发展能力指标体系，分析流动人口家庭发展能力对其二孩生育意愿的影响。李思达（2020）依据 2015 年 CGSS 项目的调查数据，对城市女性进行样本分析，分析结果表明女性的年收入和受教育程度成为影响生育的重要因素，且二者均与生育意愿呈反向关系。二是基于特定地区或特定群体调查数据分析。田立法等（2017）基于天津市农村 418 位已有一胎孩子居民的问卷调查数据，采用 Logistic 回归模型，对影响居民二胎生育意愿因素进行了实证分析。徐凤霞等（2018）采用便利抽样法，抽取了符合标准的 104412 名女护士进行问卷调查，并采用无序多分类 Logistic 回归，结果表明年龄、文化程度等个人特征，收入、婚姻状况等家庭特征是二孩生育意愿的主要影响因素。李翔等（2019）对福建地区育龄群体的生育情况进行调查，构建 Logit 模型对育龄群体的生育意愿影响因素进行估计，并通过倾向得分匹配对"全面二孩"政策效果进行评价。段继红等（2020）以江苏全省 2000 个有效样本为研究对象，基于机会成本理论，引入显性成本和隐性成本，从生育二孩的成本与收益的角度探究了影响二孩生育意愿的因素。

以上学者的研究为本文展开二孩生育意愿影响因素的探讨提供了方向、拓宽了思路，但由于生育意愿是一个系统性的问题，它是诸多因素合力的结果。而且具有地域特性，不同的地区，由于生育观念、经济水平、开放程度等差异，导致影响二孩生育意愿的因素各不相同。

本文是在陕西省育龄人群抽样调查的基础上分析二孩生育意愿及影响因素。

7.2 数据来源及说明

7.2.1 数据来源

本文使用的数据是我们项目组于 2018 年 7 月份收集的，反映的是 2016 年 1 月 1 日"全面二孩"政策实施两年半后的信息，政策的实施效果初步显现。

此次调查范围覆盖陕西全省，抽样选点根据陕西省关中、陕南、陕北三大区域构成和人口权重进行。样本点的抽选依据两个基本原则：一是陕西省常住人口城镇化率2017年达到56.79%，而户籍人口城镇化率2020年在50%以上，同时由于城乡居民的生育意愿大体趋同，因而，城乡居民户各调查50%是合理的；二是陕西省关中人口占六成多，陕南、陕北占比不足四成，故而调查的地区分布也应如此。按照全省总人口0.25‰确定，并考虑5%的无效问卷，总样本量为1500份以上，具体分布如下：关中地区800份，陕南地区400份，陕北地区300份。

7.2.2 相关说明

1. 调查对象

根据本文研究需要，选取20~49岁已经生育一孩或未生育并且符合生育二孩条件的育龄人群为调查对象。

2. 分析方法

利用SPSS 22.0软件建立数据库，运用描述性分析、χ^2检验、Logistic回归分析等方法进行统计学分析，以 $P<0.05$ 为差异有统计学意义。

7.3 结果分析

7.3.1 描述性分析

1. 基本情况

本次调查共发放问卷1500份，实际收回的问卷有1370份，问卷回收率为91.3%。根据研究需要，剔除部分回答不全、年龄不适、对象不符的问卷，最终获得有效样本1046个。样本的有效率为76.4%。本次调查中，男性212人，女性834人；汉族1010人，其他民族36人；年龄以35岁以上为主（33.37%），其次为25~29岁（32.22%）；职业以农业生产者为主（25.53%）；学历以大专及以上为主（37.38%）；九成以上都是已婚者（90.34%）；539位被调查者的一胎为男孩；被调查者居住房屋以自建房为主（43.98%）；年家庭收入以 5 万元以上为主（54.49%）；90%以上的调查者都有兄弟姐妹（90.82%）；被调查者以关中地区为主（46.75%）；983 位被调查者的户籍属于农村户籍；将近九成的被调查者都参加了医疗保险（89.01%）（见表 7-1）。

2. **不同人口学特征的育龄群体二孩生育意愿分析**

在本次调查的 1046 名育龄群体中，802 位有二孩生育意愿（76.7%），244 位没有二孩生育意愿（23.3%），二孩生育意愿普遍较高。其中，男性愿意生育二孩的有 174 人（82.08%），明显高于女性（75.30%）；其他民族比汉族更愿意生育二孩；年龄在 20~24 岁（93.46%）、技术人员（91.43%）、大专及以上学历（80.31%）、未婚育龄群体（100%）、第一胎为女孩（100%）、年收入超过 5 万元（80%）、关中地区（81.60%）、农村户籍（76.7%）、参加了医疗保险（78.79%）的育龄群体更愿意生育二孩（见表 7-1）。

对影响育龄群体二孩生育意愿的因素进一步分析，可以发现，被调查者的性别、民族、年龄、学历、婚姻状况、现有子女情况、房屋性质、家庭年收入、居住地区、是否参加医疗保险、户籍等差异均有统计学意义（$P<0.05$），表明育龄群体的二孩生育意愿受到性别、民族、年龄、学历、婚姻状况、现有子女情况、房屋性质、家庭年收入、居住地区、是否参加医疗保险、户籍等因素的影响。而被调查者的职业、是否有兄弟姐妹等差异无统计学意义（$P>0.05$），结果表明被调查者的职业、是否有兄弟姐妹对二孩生育意愿的影响不大。

表 7-1 育龄群体二孩生育意愿分析

单位：位，%

变量	类别	频数	二孩意愿		χ^2	P
			愿意	不愿意		
性别	男	212	174（82.08）	38（17.92）	220.649	0.000
	女	834	628（75.30）	206（24.70）		
民族	汉族	1010	768（76.04）	242（23.96）	6.583	0.010
	其他	36	34（94.44）	2（5.56）		

续表

变量	类别	频数	二孩意愿		χ^2	P
			愿意	不愿意		
年龄	20~24 岁	107	100 (93.46)	7 (6.54)	104.171	0.000
	25~29 岁	337	296 (87.83)	41 (12.17)		
	30~34 岁	253	201 (79.45)	52 (20.55)		
	≥35 岁	349	205 (58.74)	144 (41.26)		
职业	农业生产者	267	204 (76.40)	63 (23.60)	8.414	0.135
	企业职工	161	131 (81.37)	30 (18.63)		
	事业单位	210	161 (76.67)	49 (23.33)		
	技术人员	35	32 (91.43)	3 (9.57)		
	私营业主	97	71 (73.20)	26 (26.8)		
	其他	276	203 (73.55)	73 (26.45)		
学历	文盲	10	7 (0.70)	3 (0.30)	15.552	0.004
	小学	77	46 (59.74)	31 (40.26)		
	初中	289	220 (76.12)	69 (23.98)		
	高中或中专	279	215 (77.06)	64 (22.94)		
	大专及以上	391	314 (80.31)	77 (19.69)		
婚姻状况	已婚	945	710 (75.13)	235 (24.87)	22.455	0.000
	未婚	67	67 (100.00)	0 (0.00)		
	离婚	19	13 (68.42)	6 (31.58)		
	丧偶	15	12 (80.00)	3 (20.00)		
现有子女情况	男	539	295 (54.74)	244 (45.26)	299.341	0.000
	女	359	359 (100.00)	0 (0.00)		
	无	148	148 (100.00)	0 (0.00)		
房屋性质	自建房	460	355 (77.17)	105 (22.83)	12.068	0.017
	租住房	158	130 (82.28)	28 (17.72)		
	商品房	334	244 (73.05)	90 (26.95)		
	亲友房	24	14 (58.33)	10 (41.67)		
	其他	70	59 (84.29)	11 (15.71)		

续表

变量	类别	频数	二孩意愿		χ²	P
			愿意	不愿意		
年家庭收入	<1万元（不含1万元）	84	59（70.24）	17（29.76）	8.240	0.041
	1万~3万元（不含3万元）	177	128（72.32）	48（27.68）		
	3万~5万元（不含5万元）	215	159（73.95）	55（27.05）		
	>5万元	570	456（80.00）	124（20.00）		
兄弟姐妹	有	950	729（76.74）	221（23.26）	0.024	0.878
	无	96	73（76.04）	73（23.96）		
地区	陕北	226	169（74.80）	57（25.20）	13.691	0.001
	关中	489	399（81.60）	90（18.40）		
	陕南	331	234（70.70）	97（29.30）		
户籍	城镇	163	54（23.80）	109（76.20）	10.372	0.001
	农村	983	693（76.70）	190（23.30）		
参加医疗保险	是	929	732（78.79）	197（21.21）	20.897	0.000
	否	117	70（59.83）	47（40.17）		

7.3.2　实证分析

1. 模型构建

根据样本数据特征，将所有影响育龄群体二孩生育意愿的影响因素分为三类，即个体基本特征、家庭特征和社会特征。由于因变量为二分变量（0和1），根据研究需要构建包含个体基本特征、家庭特征和社会特征的多维度影响因素的二元 Logistic 回归模型，具体如下：

$$P_i = \frac{\exp(Z_i)}{1 + \exp(Z_i)} \tag{7-1}$$

$$式中：P_i = E(Will = 1 \mid person_{ip}, family_{ip}, social_{ip}) \tag{7-2}$$

$$Z_1 = \alpha_0 + \alpha_1 person_{ip} \tag{7-3}$$

$$Z_2 = \alpha_0 + \alpha_1 family_{ip} \tag{7-4}$$

$$Z_3 = \alpha_0 + \alpha_1 social_{ip} \tag{7-5}$$

被解释变量：根据本文研究目的，育龄群体生育二孩意愿（Will）为因变量。

解释变量：主要包含三个维度的变量，即个体基本特征（Person）、家庭特征（Family）、社会特征（Social）。由前一小节分析可知，被调查者的职业、是否有兄弟姐妹差异无统计学意义（$p > 0.05$），故不纳入模型中。因此，个体基本特征具体包括被调查者的性别、年龄、民族、学历；家庭基本特征具体包括婚姻状况、现有子女情况、房屋性质、家庭年收入；社会特征具体包括居住地区、是否参加医疗保险、户籍，具体变量见表 7-2。

表 7-2　变量赋值说明表

变量			赋值
被解释变量		生育意愿	愿意=1；不愿=0
解释变量	X_1	性别	男=1；女=2
	X_2	年龄	20~24 岁=1；25~29 岁=2；30~34 岁=3；≥35 岁=4
	X_3	民族	汉族=1；其他民族=2
	X_4	学历	文盲=1；小学=2；初中=3；高中或中专=4；大专及以上=5
	X_5	婚姻状况	已婚=1；未婚=2；离婚=3；丧偶=4
	X_6	现有子女情况	男孩=1；女孩=2；无=3
	X_7	房屋性质	自建房=1；租住房=2；商品房=3；亲友房=4；其他=5
	X_8	家庭年收入	<1 万元=1；1 万~3 万元=2；3 万~5 万元=3；>5 万元=4
	X_9	所在地区	陕北=1；关中=2；陕南=3
	X_{10}	是否参加医疗保险	是=1；否=2
	X_{11}	户口属性	城镇=1；农村=2

2. 育龄群体二孩生育意愿 Logistic 影响因素分析

在进行育龄群体二孩生育意愿 Logistic 影响因素分析时（见表 7-3），采用二元 Logistic 回归分析，自变量采用"输入"方法进入，所有分类变量以第一个类别为参照。

（1）基本特征方面

从性别来看，与男性相比，女性的系数为负，表明被调查的育龄群体中女性的二孩生育意愿弱于男性，但其系数并不显著；从年龄来看，除了 25～29 岁以外，其他两个年龄阶段的系数都在 $p<0.05$ 水平显著，由回归方程中的 OR 值可知，25～29 岁、30～35 岁、≥35 岁的被调查者选择不生育二孩的可能性分别是 20～24 岁的 0.512 倍、0.279 倍、0.105 倍。从年龄构成看，年龄越大，生育二孩的意愿越低，表明男、女都有最佳生育自然年龄，尤其是女性超过一定年龄，生育风险就越高；从民族来看，与汉族相比，其他民族系数显著为正，表明其他民族比汉族的二孩生育意愿更加强烈，这与其相对宽松的生育政策有关；从学历来看，与文盲相比，其他学历阶段的系数均为正，表明学历越高，二孩生育意愿越高，但其系数不显著。

（2）家庭特征方面

被调查者的婚姻状况、现有子女情况的系数并不显著，说明这两个因素对二孩生育意愿的影响并不明显。就房屋性质来说，与自建房相比，商品房和亲友房的系数显著为负，表明其对二孩生育意愿有消极影响。家庭年收入的系数显著为正，从 OR 值来看，与家庭年收入低于 1 万元相比，家庭年收入在 1 万～3 万元（不含 3 万元）、3 万～5 万元（不含 5 万元）、大于 5 万元的家庭选择生育二孩的可能性为 2.187 倍、2.247 倍、3.281 倍，表明家庭经济水平越高，二孩生育意愿越强烈，主要是因为随着生养孩子的成本（主要包括教育成本、房屋成本、医疗成本等）越来越高，经济水平相对较高的家庭，更有经济能力抚养二孩。

（3）社会特征方面

从被调查者的所在区域来看，具有明显的区域差异性。与陕北地区相比，关中地区的系数显著为正，表明关中地区的二孩生育意愿高于陕北地区，而陕南地区的系数显著为负，表明陕南地区的二孩生育意愿低于陕北地区，这可能是三个地区的经济差异引起的。和参加医疗保险的群体相比，不参加医疗保险的系数显著为负，说明不参加医疗保险的被调查者二孩生育意愿更低，这可能是因为随着时代变迁，养儿防老的传统观念逐渐弱化，医疗保险可以在一定水平下降低个体的医疗成本，减轻个体的医疗费用负担，增加了生活保障，增强了二孩生育意愿。和城镇户籍相比，农村户籍的系数显著为正，表明农村居民比城市居民的二孩生育意愿更强。这是由多方面原因引起的，例如，相对来说，农村抚养二孩经济成本较低；农村传统生育观念影响较深，如多子多孙等。

表 7-3 育龄群体二孩生育意愿 Logistic 影响因素分析

维度	变量		B	SE	Wald	P	OR
基本特征	性别	女	-0.247	0.209	1.403	0.236	0.781
	年龄	25~29 岁	-0.670	0.426	2.472	0.116	0.512
		30~34 岁	-1.276	0.423	9.110	0.003	0.279
		≥35 岁	-2.255	0.409	30.424	0.000	0.105
	民族	其他民族	1.913	0.774	6.604	0.010	6.773
	学历	小学	0.181	0.774	0.055	0.815	1.199
		初中	0.796	0.749	1.129	0.288	2.216
		高中或中专	0.736	0.749	0.968	0.325	2.088
		大专及以上	0.895	0.745	1.446	0.229	2.448
家庭特征	婚姻状况	未婚	17.362	3983.414	0.000	0.997	3.47E+07
		离婚	-0.592	0.752	0.495	0.482	0.598
		丧偶	0.654	0.709	0.853	0.356	1.924
	现有子女情况	女孩	21.178	2075.797	0.000	0.992	1.58E+09
		无	20.268	3030.416	0.000	0.995	6.34E+08
	房屋性质	租住房	0.136	0.282	0.230	0.631	1.145
		商品房	-0.671	0.214	9.774	0.002	0.511
		亲友房	-1.408	0.686	4.217	0.040	0.245
		其他	0.350	0.422	0.687	0.407	1.419
	家庭年收入	1万~3万元	0.783	0.406	3.720	0.054	2.187
		3万~5万元	0.810	0.403	4.034	0.045	2.247
		>5万元	1.188	0.384	9.568	0.002	3.281

维度	变量		B	SE	Wald	P	OR
社会特征	所在地区	关中	0.554	0.199	7.780	0.005	1.740
		陕南	-0.174	0.198	0.772	0.380	0.840
	医疗保险	不参与	-0.010	0.211	22.838	0.000	0.364
	户籍	农村	0.606	0.230	6.923	0.009	1.833

7.4 结论与政策建议

7.4.1 结论

本文基于对陕西省 1046 名育龄群体的调查数据，探究影响育龄群体二孩生育意愿的影响因素，得出以下主要结论：年龄与二孩生育意愿负相关，年龄越大，二孩生育意愿越低；收入与二孩生育意愿正相关，收入越高，二孩生育意愿越高；农村居民的二孩生育意愿高于城镇居民；与汉族相比，其他民族二孩生育意愿较高；二孩生育意愿具有地区差异性；医疗保障的可获得性也增强了二孩生育意愿。

7.4.2 政策建议

第一，加强全面两孩政策的宣传教育和普及工作。一是各级党政干部要深入学习和领会党的十八届五中全会所做出的全面两孩重大决策的科学内涵和时代意义，坚定不移地贯彻落实新国策。二是利用各种媒体加大宣传全面两孩的新政策，特别是新颁布实施的《人口和计划生育条例》，让广大干部群众充分了解、认识二孩生育的重要性和优惠政策。三是采取灵活多样的形式，如讲座、标语、宣传画等，引导育龄群众的自觉生育行为。四是重点做好不愿生育子女家庭夫妇的思想工作，重塑家庭生育幸福观。

第二，加强基层计划生育平台建设。一是加强基层（街道办、乡村及社区）计生专干的队伍建设和能力建设，彻底转变工作思路和工作方法，有效引导和服务群众积极落实生育政策。二是加强县区妇幼卫生保健服务能力建设，针对人的生命全过程提供人性化的健康服务，全面实施孕前优生筛查和孕产妇系统保健免费基本服务，完善出生缺陷三级预防机制，提高出生人口素质，使群众想生、能生、生好，同时做好婴幼儿传染病、流行病的预防接种工作，确保他们健康成长。三是加强基层人口和计划生育的信息网络建设，提高二孩生育的信息化管理水平。四是加强基层计划生育的工作研究和动态分析，不断改进落实措施。

第三，研究制定鼓励二孩生育的优惠政策。除切实履行 2016 年新颁布的《陕西省人口与计划生育条例》外，还应研究、制定新的优惠政策鼓励家庭二孩生育。一是各地计生部门要重点做好 35 岁以上高龄孕产妇的登记造册工作，定期询问和重点关注有身体异常的孕产妇，使其安全妊娠和顺利分娩。二是借鉴成熟国家和地区对生育抚育孩子实施直接经济补贴的经验，设立育婴津贴及其享受年限，对二孩家庭适当减税，降低二孩家庭参加医疗保险的费用，根据财力设立二孩生育奖励政策，或一次性奖励，或参照以前独生子女保健费的发放办法按月发放。三是加强县区医院产科、危重孕产妇急救中心建设，增加产科床位，加强产科、儿科助产师的培训，提高服务能力。四是加强辅助生育设施建设，有效解决夫妻不孕不育的问题。

第四，制定其他紧密相关的经济社会政策。全面二孩生育国策的落实，需要全社会的协同努力才能完成。一是营造全社会共同关心国策落实的氛围，各企业（单位）要积极保护夫妇的计划生育热情。二是设立婴幼儿健康成长基金，建立婴幼儿成长的社会分担机制，适当减少家庭养育负担。三是改善抚育条件和育儿设施，推行育儿假，成立更多政府补贴的育儿中心和提供放学后托管服务。四是开展儿童早期教育实践试点，探索和总结通过婴幼儿早期发展干预，促进农村婴幼儿能力的成长，让所有农村婴幼儿都能更好地实现发展潜能。五是对于进城务工而无房的妊娠夫妇，城市政府应优先考虑为他们提供廉租房或租房津贴，让他们安心生育、养育子女。六是关注留守儿童的生活和教育，使他们健康成长，同时适度提高未成年人的大病救助标准。

第8章 生育成本对育龄人群生育意愿的影响研究——以陕西二孩生育意愿为例

8.1 问题的提出

2019 年，我国出生人口为 1465 万人，较 2018 年又减少了 58 万人。生育率偏低，将不利于我国人口长期均衡发展。生育意愿是复杂因素的集成，它作为独立变量，直接影响人们的生育行为。目前，学术界对于生育意愿影响因素的研究很多，大致可分为三个层面，即个人、家庭和社会。从个人层面来说，主要涉及个体的人口学特征，包括性别、年龄、收入、职业、户籍等因素；从家庭层面来说，一般包含家庭收入、父母是否为独生子女、是否与父母同住、一孩性别及态度、丈夫投入家庭劳动、婚姻状况、父母态度等因素；社会层面，通常包括宗教信仰、生育政策、社会福利因素、城市经济发展水平等因素。

以上学者的研究为本文展开二孩生育意愿影响因素的探讨提供了方向、拓宽了思路，但由于生育意愿是一个系统性的问题，它是诸多因素合力的结果。而且具有地域特性，不同的地区，由于生育观念、经济水平、开放程度等因素，导致影响二孩生育意愿的因素各不相同。另外，在探究影响二孩生育的因素时，主要以人口学因素为主，较少从成本收益等经济角度考虑。因此，本文基于机会成本理论，从生育二孩的成本与收益两个角度进行分析，并根据调查数据，实证检验了影响二孩生育意愿的因素。

8.2 理论分析

生育意愿在实际生育行为中扮演着重要角色，是影响生育率的决定因素，它决定了人口政策的实施效果。但生育意愿并不等同于生育行为，二者之间往往存在偏差，主要受到生育观念、国家政策、生育成本等多方面因素的影响。按照学术界观点，生育意愿具有多样性，不仅仅是生育孩子数量的多少，而且是理想生育子女数量、生育时间、生育子女性别偏好等多个维度的体现。根据研究目的，本文侧重考虑的是生育第二个孩子的意愿，即是否打算生育第二个孩子。

从目前研究来看，关于生育意愿的影响主要包括个人、家庭、社会或者国家政策等几个方面。本文在考虑个体人口学特征的基础上，着重纳入了生育二孩的成本（包括显性成本和隐性成本）、生育收益等因素。

从生育成本角度来看，显性成本主要包括育龄父母从生育的准备期到孩子实现经济独立的整个过程中，家庭在孩子身上的所有支出，通常包括生育孩子和抚养孩子两个阶段。生育阶段的费用包括孕前的身体调理、孕中的营养摄入、贯穿整个孕期的身体检查以及生育过程的手术和住院费用等。按照邱强兰（2019）对陕西省育龄群体的调查研究，孕妇怀孕期间的费用支出集中在 5000 元左右。根据李尚盈（2019）对乌鲁木齐的调查，发现孕妇在生产阶段费用通常在 10000~16000 元；抚养阶段的费用主要指孩子出生之后的衣食住行、教育医疗以及婚嫁等方面的费用。根据学者李尚盈（2019）的研究，生育一个孩子从女性怀孕至孩子大学毕业的直接成本为 22.83 万 ~ 66.74 万元，这仅是一个三线城市的成本。在北京、上海等一线城市，生育成本更高，可能超过 200 万元。由于中国特有的文化习俗，父母给子女购买住房的婚嫁费用也不得不考虑，根据高波（2012）对上海市民的调查，抛开买房等支出，上海市一对中等收入的新人的婚庆成本超过 80 万元，而随着房价的攀升，婚房的成本不可估量，尤其是一线城市。隐性成本也叫机会成本，与显性成本相比，更难度量，主要是指父母需要耗费大量的时间去照顾孩子，因此会减少工作中的各项获得货币或者晋升机会，目前对于间接成本的研究更多偏向女性角度，认为生育二孩以后，会给女性带来职业中断、人力资本贬损、就业歧视等困境。

从生育收益角度来看，主要包括社会收益和个人收益，社会收益通常是指抛开家庭以外的收益给社会所带来的效益，例如给社会发展积累了必备的劳动生产力，拉动内需实现社会需求，确保人类繁衍和民族文化传承等，通常来讲，社会收益并不是家庭本身有意创造的，具有正的"外部性"，而是个体社会责任感的一种体现，不是本文研究的重点。个体收益主要是指家庭的二孩生育行为所带来的货币性的和非货币性的收益状况，通常体现为家庭中的经济收入和抵御风险的能力增强。经济收入表现为由于二孩生育行为得到的政府货币性补贴、社会福利和各种奖励，以及孩子经济独立后为家庭所带来的货币性收入。从目前情况来看，我国因二孩生育行为的货币性奖励和补助是非常有限的，尽管可以享受九年义务教育和基本医疗服务，间接减轻了家庭二孩生育支出，但与高额的生育成本相比，这部分收益还是非常微小的。相比货币性收益，非货币性收益的影响更为明显，这主要与我国的传统孝道文化和生育观念有关。非货币性收益主要是指家庭在情感、精神和心理上的收益行为，具体表现为家庭的和谐完整、血脉的传承延续、情感的交流慰藉等。

8.3　生育成本收益对育龄群体生育意愿影响的实证分析

8.3.1　数据来源及样本说明

本文所使用的数据是笔者带领团队于 2018 年 8 月份收集的，反映的是 2016 年 1 月 1 日"全面二孩"政策实施两年后的信息，彼时，"全面二孩"政策的实施效果已显现，便于分析。调查人员主要由笔者所在高校的教师、研究生和本科生等组成。

此次调查范围覆盖陕西全省，抽样选点根据陕西省关中、陕南、陕北三大区域构成和人口权重进行。样本点的抽选依据两个基本原则：一是陕西省常住人口城镇化率2018年达58.13%，而户籍城镇化率不到50%，同时由于城乡居民的生育意愿大体趋同，因而，城乡居民户各调查50%是合理的；二是陕西省三大地区的人口比重为0.59：0.16：0.25，故而调查问卷发放的地区分布也应如此。按照全省总人口0.04‰确定，并考虑5%的无效问卷，总样本量为1500份以上，具体分布如下：关中地区880份，陕南地区380份，陕北地区240份。

利用Stata14.0软件建立数据库，运用描述性分析、Logit回归分析等方法进行统计学分析。

8.3.2 描述性统计与变量说明

1. 描述性统计

本次调查共发放问卷1500份，实际收回的问卷为1370份，问卷回收率为91.3%。根据研究需要，剔除部分回答不全、年龄不适、对象不符的问卷，最终获得有效样本1190个。本次调查问卷中，主要涉及被调查者的人口学特征、生育二孩的成本及收益以及对"全面二孩"政策的认知与反应等信息。

根据统计数据，本次调查中，男性212人，女性978人；汉族占比99.3%；年龄以25~35岁为主，超过50%，达到51.3%；职业以农业生产者为主，占比将近30%；学历中，以初中学历和大专及以上为主，分别占比33.3%、30%；个人年收入分化比较严重，小于5000元的比重为266人，占比22.4%，大于3万元的有471人，占比39.6%。

样本中，已有一孩的比例最大，共有808人，占比67.9%，其次是已有二孩的群体，共有236人，占比约为19.8%，尚未生育的占比仅为10.9%；其中，有二孩生育意愿的人相对较少，共499人，即尚未生育和已生育一孩均有意愿生育二孩的群体，占比仅为41.9%；有二孩生育行为的共251人，即已生育两个孩子或以上的群体，占比21.1%。总体而言，尚未生育二孩的共有 938 人，占比 78.8%，可见"全面二孩"政策还有很大的发挥空间。

对于"全面二孩"政策预期实施效果的考察，本文偏向于从育龄群体的自主生育意愿进行考察。当被询问"您认为生养几个孩子比较理想"时，54.4%的人选择了两个孩子或以上最理想。而根据数据，有二孩生育意愿的仅占 41.9%，有二孩生育行为的在此基础上又降低了将近 50%。不难算出，理想子女数与生育意愿的差距将近 12.5%，这可能与众多影响二孩生育的因素相关，而从生育意愿转为生育行为的差距更大，相差将近 20.8%。进一步表明要想使得"全面二孩"政策在更大、更广的范围内发生效果以及人口增长朝着预期的方向发展，就必须有针对性地采取措施，进一步使得理想的子女数转化为实际打算生育的子女数，也就是靳永爱等（2016）提出的消除生育偏好（意愿子女数）和生育计划（计划子女数）之间的差距。

2. 变量说明

（1）被解释变量

根据本文研究目的，将二孩生育意愿设置为被解释变量，有二孩生育意愿的群体包括调查中已经生育二孩和未生育或者已经生育一孩有二孩生育意愿的人。

（2）解释变量

基于成本收益理论，本文选取部分与二孩生育有关的成本因素和收益因素纳入解释变量。

随着"男女平等"观念的普及，以及女性受教育水平的不断提高，传统"相夫教子"的生活已经无法满足女性的追求，越来越多的女性更倾向于从工作中实现自己的人生价值和社会价值。尽管如此，女性相比于男性而言，通常会将更多的时间与精力花费在照顾家人方面。一旦生育二孩，她们则必须中断工作。另外，女性在怀孕以及养育二孩过程中由于久居家中，势必和社会有一定程度的脱轨，一旦想重返劳动市场，将会面临着更大的工作压力和就业歧视。因此，隐性成本可能是导致更多女性拒绝生育二孩的特殊原因。相较而言，显性成本可能是男性和女性二孩生育意愿都比较低的共性原因。

在生育二孩的显性成本中，以经济因素为主。本文选取家庭经济不好、养娃成本太高等因素作为解释变量。相比显性成本而言，隐性成本的度量较为困难，考虑到一个人拥有的时间或精力是一定的，把时间花费在孩子身上也就意味着必须放弃在其他方面的时间花费，所以本文从家庭、健康、工作、观念等四个方面着手，选取配偶不要、大孩反对、高龄生育、无法生育、工作太忙、无人照顾、一个挺好、追求质量等因素作为解释变量。

尽管生育二孩会有很多成本，但在生育二孩中也会有较多的收益。本文从家庭、情感、责任、预防、观念等五个方面进行考虑，选取家庭完整、增添乐趣、相互照应、感情需要、传宗接代、社会责任、养娃防老、预防失独、多子多福、顺其自然等因素作为解释变量。变量设置具体情况见表8-1。

表8-1 解释变量设置及说明

变量名称	变量说明	变量名称	变量说明
二孩生育成本		二孩生育收益	
Economics	经济不好	Family	家庭完整
Borden	成本太高	Fun	增添乐趣
Spouse	配偶不要	Company	相互照应
Child	大孩反对	Emotion	感情需要
Elder	高龄生育	Clan	传宗接代
Ability	无法生育	Duty	社会责任
Work	工作太忙	Support	养娃防老
Care	无人照顾	Losing	预防失独
Only	一个挺好	Happiness	多子多福
Quality	追求质量	Nature	顺其自然

（3）控制变量

在考虑是否会生育二孩时，除了收益成本等因素，个体的人口学特征也会在一定程度上产生影响。因此，将被调查者的个体特征纳入控制变量中。具体包括问卷中的性别、年龄、民族、职业、学历、个人年收入等变量，变量中涉及两种类别，一类是定类变量，另一类是定序变量。定类变量是生育意愿、性别、民族、职业，定序变量是年龄、学历、个人年收入。定类变量设为 0 或 1，对定序变量按照 "1、2、3、4…" 设置值，具体设置见表 8-2。

表 8-2　被解释变量及控制变量说明表

变量名称	符号	赋值
二孩生育意愿	Will	无 = 0；有 = 1
性别	Gender	女 = 0；男 = 1
民族	Nation	少数民族 = 0；汉族 = 1
职业	Occupation	以农业从事为参照，设置哑变量：O1 = 企业职员 （0，1）；O2 = 行政职员 （0，1）；O3 = 个体私营 （0，1）；O4 = 其他 （0，1）
年龄	Age	以小于 25 岁为参照，设置哑变量：A1 = 小于 25 岁 （0，1）；A2 = 25~30 岁 （0，1）；A3 = 30~35 岁 （0，1）；A4 = 35~40 岁 （0，1）；A5 = 40~45 岁 （0，1）
学历	Education	以小学及以下为参照，设置哑变量：E1 = 小学及以下 （0，1）；E2 = 初中 （0，1）；E3 = 高中 （0，1）；E4 = 中职 （0，1）
个人年收入	Income	以 3 万元以上为参照，设置哑变量：I1 = 小于 5000 元 （0，1）；I2 = 5000~8000 元 （0，1）；I3 = 8000~10000 元 （0，1）；I4 = 1 万~2 万元 （0，1）；I5 = 2 万~3 万元 （0，1）

8.3.3　模型设定

根据本文研究目的，将模型设定如下：

$$Will = \alpha + \beta Factor + \gamma Control + \varepsilon \qquad (8-1)$$

式中：$Will$ 为生育意愿的代理指标，为虚拟变量，赋值 0 和 1，赋值为 0 时，表示没有生育意愿，赋值为 1 时，代表有生育意愿（包括调查中已经生育二孩和未生育或者已经生育一孩有二孩生育意愿的人）；$Factor$ 为影响生育意愿的成本、收益等因素，为虚拟变量，根据被调查者的主观意愿赋值，被调查者认可该因素则赋值为 1，否则为 0；$Control$ 为控制变量，具体包括性别、年龄、民族、职业、学历、个人年收入等变量；ε 为随机扰动项。

8.3.4　结果分析

为了验证回归结果的稳健性，本文分别使用二元选择模型（Logit、

Probit）和最小二乘法（OLS）模型进行了估计。考虑到可能存在异方差问题，进一步采用异方差稳健标准误进行估计。估计结果均无显著变化，为保证结果有效性，最终选择采用异方差稳健标准误进行 Logit 估计的结果（见表 8-3）。

根据表 8-3 的估计结果，可以看到在二孩生育成本因素中，家庭经济不好、养娃成本太高、高龄生育、无法生育、工作太忙、一个挺好、追求质量等因素对二孩生育意愿有显著的负面影响，其中，家庭经济不好、养娃成本太高、高龄生育、一个挺好等因素的显著性水平更高，表明在二孩生育成本中，经济因素和个人身体因素更加被育龄群体所关注；在二孩生育收益因素中，家庭完整、增添乐趣、相互照应、感情需要、传宗接代、社会责任、养娃防老、顺其自然等因素对二孩生育有显著的正面影响，其中，相互陪伴和传宗接代两个因素的显著性水平更高，可见人们选择生育二孩，更多受到传统生育观念和为儿女着想的影响。

由于各解释变量的最小变化量至少为一单位，且只是各个解释变量系数的大小，很难看出各个解释变量真正的影响大小。为了得到各个解释变量真正的影响，使回归结果更加清晰明了，使用 Stata 中的 Margins 命令，求取各个解释变量的平均边际效应。具体结果见表 8-3。

表 8-3　模型回归结果

变量	系数	边际效应	变量	系数	边际效应
二孩生育成本			二孩生育收益		
Economics	-0.91 *** (-5.15)	-0.14 *** (-5.38)	*Family*	0.61 ** (2.80)	0.09 ** (2.86)
Borden	-0.60 *** (-3.70)	-0.09 ** (-3.27)	*Fun*	0.66 *** (3.64)	0.10 *** (3.77)
Spouse	-0.52 (-0.87)	-0.08 (-0.87)	*Company*	0.76 *** (4.67)	0.11 *** (4.87)
Child	0.42 (0.80)	0.06 (0.80)	*Emotion*	0.65 ** (3.04)	0.10 ** (2.09)

续表

变量	系数	边际效应	变量	系数	边际效应
二孩生育成本			二孩生育收益		
Elder	-1.40*** (-4.79)	-0.21*** (-5.13)	Clan	0.98*** (3.48)	0.15*** (3.55)
Ability	-0.72** (-1.66)	-0.11* (-1.67)	Duty	0.37 (1.43)	0.05 (1.43)
Work	-0.37* (-1.95)	-0.06 (-1.29)	Support	0.61** (2.43)	0.09** (2.46)
Care	-0.27 (-1.29)	-0.02 (-0.69)	Losing	0.40 (1.13)	0.06 (1.13)
Only	-2.38*** (-6.49)	-0.36*** (-7.20)	Happiness	-0.07 (-0.19)	-0.01 (-0.19)
Quality	-0.58** (-1.97)	-0.09** (-1.99)	Nature	0.49** (2.12)	0.07** (2.26)
控制变量					
Gender	-0.06 (-0.53)	-0.01 (-0.53)	Age	-0.18** (-3.06)	-0.03** (-3.10)
Nation	-0.18 (-0.27)	-0.03 (-0.27)	Education	-0.40*** (-6.24)	-0.06*** (-6.58)
Occupation	-0.08** (-2.79)	-0.01** (-2.82)	Income	-0.04 (-0.70)	-0.01 (0.70)
_cons	2.84*** (3.67)	—	N	1190	—

注：括号内为 Z 值，***、**、*分别代表1%、5%、10%的显著性水平。

从表8-3可以看到，在影响二孩生育的成本因素中，家庭经济不好、养娃成本太高、高龄生育、无法生育、一个挺好、追求质量等因素的边际效应较高，均超过了9%，表明选择这些因素的群体比没有选择这些因素的群体，其生育意愿可能下降超过9%以上。一方面，表明随着社会经济的发展，生育孩子的成本越来越高，经济因素成为最重要的制约因素；另一方面，表明以往的生育政策深入人心，人们更加注重生育的质量而非数量。在影响二孩生育的收益因素中，家庭完整、增添乐趣、相互照应、传宗接代、养娃防老等因素的边际效用相对较高，基本在 9%~15% 之间。说明促使育龄群体生育二孩的更多是因为家庭完整、相互照应、传宗接代、养娃防老这些原因。不难看出，育龄群体选择生育二孩更多受到"传宗接代、养儿防老"等传统生育观念的影响，另外也会更多为子女着想。

根据控制变量，可以发现在个体特征中，工作、年龄、学历等因素对二孩生育会产生影响。具体来看，与选择农业从事者相比，选择企业职员、行政职员等职业的群体，其二孩生育意愿可能会下降 8%，说明二孩生育会受到较多生育观念的影响，例如，农业从事者更多会受到"多子多福、养儿防老"等观念的影响；随着年龄的增长，二孩生育意愿逐渐降低，年龄每增加 5 岁，生育二孩的意愿会降低 3%，因为随着年龄增大一方面会面临高龄生产的风险；另一方面职业发展也进入关键时期，尤其是女性，一旦生育二孩会面临职业生涯中断的问题；随着学历的提升，二孩生育意愿呈下降趋势，学历每增加一个阶段，生育二孩的意愿会降低 6%；性别、民族以及个人年收入对二孩生育意愿的影响不显著。

为了进一步验证地区生育意愿的差异性，按照陕北、关中、陕南三个地区进行区域差异性分析，具体结果见表8-4。

表 8-4 二孩生育的地区差异

单位：%

地区	二孩生育意愿		理想子女数				现有子女数			
	0	1	0	1	2	≥3	0	1	2	≥3
陕南	27.0	73.0	30.3	10.2	58.4	1.1	4.4	73.6	20.9	1.1
关中	35.8	64.2	37.8	11.0	50.8	0.2	18.6	59.2	21.0	1.1
陕北	54.8	45.2	33.3	11.8	52.7	2.1	1.7	81.0	15.2	2.1

在表8-4中，陕西三大地区二孩生育意愿差异较大，其中，陕南地区的生育意愿最高，陕南地区中73.0%的被调查者愿意生育二孩（包括已经生育二孩），其次是关中地区，64.2%的被调查者愿意生育二孩，陕北地区的二孩生育意愿相对较低，仅为45.2%。当被问到"您认为理想中的子女数是"，陕

南地区中 58.4% 的被调查者选择了 2 个孩子，而当问到 "您现有的子女数是"，拥有 2 个孩子的比例最高的却是关中地区。出现这个现象笔者推测主要与经济水平差异性有关，关中地区的经济发达程度相对较高，家庭更有经济实力支持生育二孩。

8.4　结论与建议

根据中央的安排，三孩生育政策已于 2021 年 5 月 31 日开始实施，而我们前期对陕西家庭二孩生育意愿的调研结论，同样适用于目前国家新出台的鼓励三孩生育的新政策，且支持力度将会进一步加大。

上述研究发现，人们的生育意愿和生育行为之间存在很大偏离，表明存在某些因素阻碍人们将生育意愿转变为生育行为，而想要转为生育行为的子女数才是有实际意义的生育意愿，才能对生育政策效果的发挥起到关键性作用。"全面二孩" 政策的实施释放了长期积累的部分生育意愿，但在家庭经济不好、养娃成本太高、高龄生育以及优生优育等现实因素和生育观念的制约下，人们的自主生育意愿不足，生育行为更为谨慎。目前，单纯的全面放开三孩生育的限制，并不一定能解决生育率低下、人口老龄化等问题。人口政策的制定要基于人性，着眼于现实，依托其相关制度安排，多管齐下，才能确保目前三孩政策的实施效果。

具体应从下面几个方面着手：

第一，公共政策纳入性别平等理念。改善性别导致的就业歧视，同时，制定公共政策时要考虑政策实施的实际效果，比如在职工家庭面临怀孕生产时，给予男职工和女职工类似的产假和哺乳假，这样企业就不会由于女性在怀孕生产以及哺乳期间不能全身心投入工作而给予性别歧视。建议对在妊娠和生养婴儿期间给予女职工更多便利的企业在税收上给予优惠待遇，以提高企业招聘和录用女职工的积极性。同时，税收政策对生育夫妇的收入所得税给予一定年限的减扣。

第二，研究制定鼓励三孩生育的优惠政策。借鉴成熟国家和地区对生育抚育孩子实施直接经济补贴的经验，设立育婴津贴及其享受年限，对三孩家庭适当减税，降低两孩家庭参加医疗保险的费用；实行学前义务教育，解决托儿的后顾之忧。通过实行学前义务教育并把幼托纳入学前教育的范围，可以降低三孩家庭的经济压力，使得女性能够较快重返职场。

第三，加强基层生育健康平台建设。加强县区妇幼卫生保健服务能力建设，针对人的生命全周期提供人性化的健康服务，全面实施孕前优生筛查和孕产妇系统保健免费基本服务，完善出生缺陷三级预防机制，提高出生人口素质，使群众想生、能生、生好。尤其要重点做好 35 岁以上高龄孕产妇的登记造册工作，定期询问和重点关注有身体异常的孕产妇，使其安全妊娠和顺利分娩。

第四，生育政策实施要因地制宜。各地面临的人口形势不同，生育观念差异也较大。导致新的生育政策实施的基础不同，采取的措施也应该有所差异，应该根据各地的具体情况制定差异化的鼓励政策，以期取得好的生育效果。

第9章　陕西计划生育伤（病）残独生子女家庭关爱长效机制研究

自 20 世纪 70 年代以来，陕西广大育龄群众积极响应国家"控制人口数量、提高人口素质""只生一个好"的号召，终身只生育了一个子女。有力地促进了陕西计划生育工作的开展，使人口过快增长的局面得到有效遏制，累计少生人口 1200 多万，为陕西经济社会快速发展做出了巨大贡献。然而，天有不测风云，人有旦夕祸福。随着时间的推移，有些独生子女在成长中出现了夭折，有些发生意外而致残，有些患上难以治愈的疾病……给计生家庭带来了无情的打击与精神痛苦。据陕西省计划生育协会统计，截至 2016 年底，陕西省共有领证独生子女伤（病）残 3900 余人（户）。这是一个沉重的话题。

独生子女意外伤（病）残的家庭，尽管原因不同，但丧失或部分丧失劳动能力将导致家庭致富困难或者致贫的概率增大，且独生子女夫妇绝大多数已经步入老年行列，形成独生子女伤（病）残特殊家庭群体。这类特殊家庭的生存、发展问题成为陕西目前突出的民生问题和社会问题之一，应当引起政府及社会各界的高度关注。因此，本课题的研究意义十分重大。

第一，计生家庭独生子女伤（病）残之痛是社会之痛，需要政府和社会共同关心爱护。独生子女计生家庭具有一定的风险性，成年独生子女的意外伤残、病残，致使家庭主要劳动力丧失或部分劳动力丧失，将会导致家庭致富困难甚至致贫，有些伤（病）残子女甚至难以成家立业。因此，建立计生家庭独生子女伤（病）残的关爱长效机制，理论研究意义十分重大。

第二，计划生育独生子女父母已经陆续步入老年，其子女伤（病）残使他们面临着基本养老和后续发展无依靠的尴尬。因此，探索特殊家庭养老模式与厚植家庭发展根基，研究的现实意义极其重大。

第三，计划生育独生子女伤（病）残的程度不同使家庭面临的生存发展困境各异，需要探索医养结合和生产生活照料的长效机制。因此，其政策研究意义重大。

计划生育政策在实行近 40 年后所做出新的调整，并不代表着原有政策实行后出现问题的终结，妥善处理和解决好独生子女家庭的遗留问题和群众困难，不仅是我们党和政府的崇高信誉和对人民高度负责精神的具体体现，也是弘扬社会主义核心价值观和以人民为中心执政理念的基本要求。

9.1 基本情况

2019 年 6 月至 8 月，我们开展了"陕西计划生育伤（病）残独生子女家庭关爱长效机制研究"课题，在全省范围抽样，进行入户调查和面对面访谈。调查对象为领取了"独生子女光荣证"的伤（病）残独生子女家庭。调查区域分布为关中地区占 62.23%（其中，西安市占 20.28%，宝鸡市占 17.83%，渭南市占 17.13%，咸阳市占 6.99%），陕南地区占 34.27%（其中，汉中市占 23.78%，安康市占 10.49%），陕北地区占 3.5%，与陕西计划生育独生子女总体分布状况相似。共发放问卷 300 份，其中有效问卷 256 份，有效率占 85.33%。由于充分考虑到计划生育独生子女城市农村的差异、计划生育工作的地域差异，因此，调查数据能够代表陕西省目前的实际状况。

9.1.1 伤（病）残独生子女父母的年龄构成

数据显示，伤（病）残独生子女父母的年龄结构为：60 岁及以上者占 24.31%，50~59 岁之间者占 26.67%，40~49 岁之间者占 32.55%，40 岁以下者占 16.47%，50 岁以上者占 50.98%，说明调查对象的年龄偏大，且半数以上夫妇不具有再生育能力（见图 9-1）。

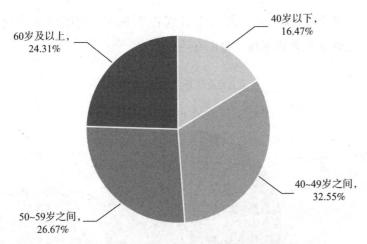

图 9-1　伤（病）残独生子女父母的年龄结构

9.1.2　伤（病）残独生子女父母的婚姻状况

调查显示，伤（病）残独生子女父母的婚姻存续者占 78.91%，丧偶者占 11.33%，离异者占 2.73%，其他占 7.03%，家庭结构相对稳定（见图 9-2）。

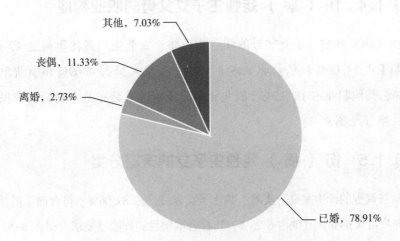

图 9-2　伤（病）残独生子女父母的婚姻状况

9.1.3　伤（病）残独生子女父母的文化程度

从伤（病）残独生子女父母的文化程度构成来看，小学文化程度者占 46.42%，其余依次是初中文化程度者占 30.16%，高中文化程度者占

17.46%，而中职技校、大专及以上者仅占 5.96%，初中以下文化程度者 76.58%，整体文化素质不高（见图 9-3）。

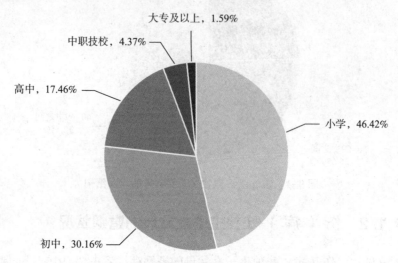

图 9-3 伤（病）残独生子女父母的文化程度

9.1.4 伤（病）残独生子女父母的职业构成

伤（病）残独生子女父母的职业构成中，农业生产者比重高达 49.61%，企业职工占 14.06%、私营业主占 8.98%、技术人员占 4.69% 和事业单位占 3.91%，其他职业占 18.75%，职业分布与陕西城乡分布基本吻合，农民比重接近一半（见图 9-4）。

9.1.5 伤（病）残独生子女的家庭分类

从被调查的计生家庭分类看，独生子女领证户占 89.06%、符合政策的单独子女领养户占 4.69%，其他占 6.25%，均符合本项目调查家庭要求（见图 9-5）。

9.1.6 伤（病）残独生子女家庭主要收入来源

从家庭收入来源的比例频次来看，劳动所得占比高达 75.00%，接着依次是社会救助占 32.81%、个人储蓄投资收入占 17.97%、退休金收入占 17.58%、养老金收入占 13.67%、亲朋帮扶收入占 10.16%、其他收入占

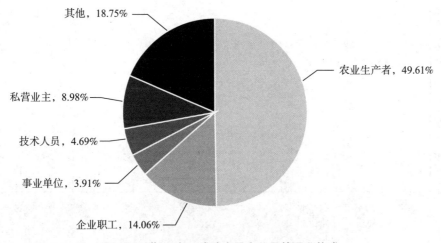

图9-4 伤（病）残独生子女父母的职业构成

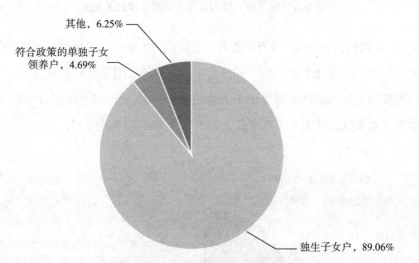

图9-5 伤（病）残独生子女的家庭分类

7.42%，商业保险收入占1.56%。劳动所得占收入的3/4，说明伤（病）残独生子女家庭的劳动参与率较高，家庭生计艰难（见图9-6）。

9.1.7 伤（病）残独生子女家庭人均纯收入状况

2016年，伤（病）残独生子女家庭人均纯收入统计表明，人均纯收入在2800元（农村贫困线）及以下者占30.68%，2800~9400元之间的占46.21%，9400~1.9万元之间的占12.50%，1.9万~2.8万元之间的占5.68%，2.8万~

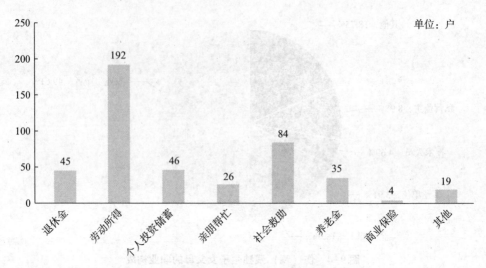

图9-6 伤（病）残独生子女家庭主要收入来源

5.0万元之间的占3.04%，5万~10万元之间的占1.89%。按照2016年国家农村贫困线标准，陕西计生伤（病）残独生子女家庭的贫困发生率为30.68%；若按陕西省贫困人口最新标准即农民年人均纯收入3015元计算，陕西计生伤（病）残独生子女家庭的贫困发生率则高达1/3（33.79%）（见图9-7）。

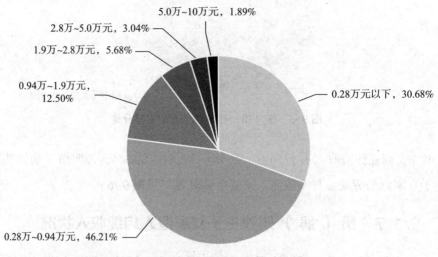

图9-7 伤（病）残独生子女家庭人均纯收入分布

注：现行农村贫困标准即"2010年标准"，是2011年提出的按（2010年不变价）农民年人均纯收入2300元的标准，按2014年和2015年价格分别为2800元和2855元。

9.2 陕西计生伤（病）残独生子女家庭状况

9.2.1 伤（病）残独生子女年龄构成

从所调查的伤（病）残独生子女年龄构成看，0~9 岁之间占比 6.67%，10~19 岁之间占比 24.71%，20~29 岁之间占比 37.25%，30~39 岁之间占比 31.37%。20 岁及以上年龄总占比高达 68.62%，即近七成伤（病）残独生子女已经进入了结婚生育年龄（见图 9-8）。

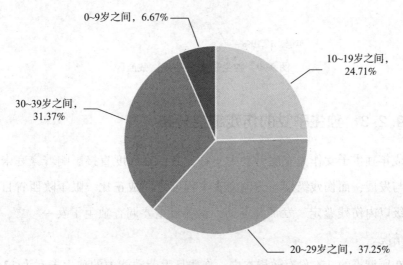

图 9-8　伤（病）残独生子女年龄构成

9.2.2 独生子女伤（病）残成因

从独生子女伤（病）残成因来看，疾病致残占 45.70%，车祸致残占 17.19%，劳动事故致残占 15.23%，自然灾害致残占 6.25%，生病没钱看致残占 5.86%，生存环境恶劣致残占 1.17%，其他占 8.60%。可见，因病致残超过半数（51.56%），与家庭贫困和医疗费用昂贵直接相关，可谓导致独生子女伤（病）残的第一"杀手"；车祸、劳动事故等意外致残两者占比 32.42%，是第二"杀手"；自然灾害与环境恶劣致残占 7.42%，是第三"杀手"（见图 9-9）。

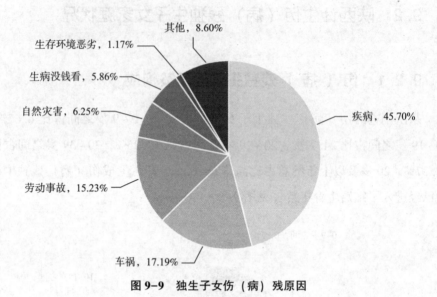

图 9-9　独生子女伤（病）残原因

9.2.3　独生子女的伤残级别分布

成年独生子女作为家庭劳动力支柱，其伤残程度直接影响着家庭未来的兴衰与发展，而伤残级别与劳动力丧失程度之间成正比。限于陕西省目前只对三级以内伤残鉴定、发证并资助，本项目主要调查独生子女一、二、三级伤残情况。

在所调查的 256 份有效样本中，伤残且无劳动能力的独生子女为 124 人，占调查总数的 48%。其中，日常生活完全不能自理且完全丧失劳动能力的伤残一级者占 14.9%，日常生活需要他人帮助且不能工作的伤残二级者占 30.59%，不能完全独立生活且明显职业受限的伤残三级者占 45.49%，其他占 9.02%（见图 9-10）。

9.2.4　伤（病）残独生子女身体现状

本次所调查的伤（病）残独生子女年龄主要介于 16～37 岁之间的劳动年龄，有无劳动能力成为分析的重点。在伤（病）残独生子女中，有部分劳动

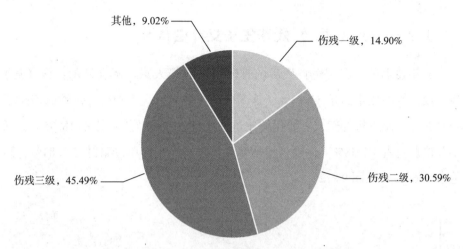

图9-10　丧失劳动能力独生子女的伤残级别分布

能力者占38.13%，有劳动能力者仅占13.24%；而无法劳动者占17.12%，生活不能自理者占10.89%，有智力障碍者占13.62%，慢性病久治不愈者占6.61%，这四类无劳动能力者合计占调查总数的48.43%，与前述结果一致，近乎半数的成年独生子女丧失了劳动能力，势必影响这些家庭的生存与发展能力（见图9-11）。

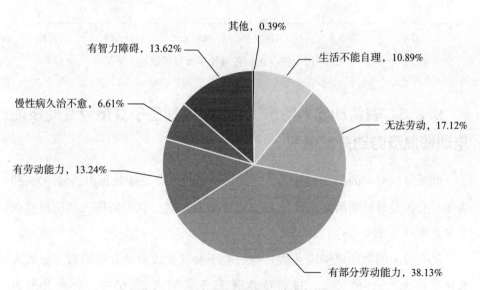

图9-11　伤（病）残独生子女身体现状

9.2.5 伤（病）残独生子女补偿状况

成年独生子女伤（病）残后的理赔情况差强人意。调查显示：伤（病）残后没人管的比重高达53.91%，这部分情况多与患病特别是患慢性病治疗不及时有关；而进行补偿或者赔付的比重依次是：政府政策补偿占18.75%、肇事单位赔付占17.58%、保险公司理赔占9.77%、工作单位赔付占7.81%、其他占6.64%（见图9-12）。

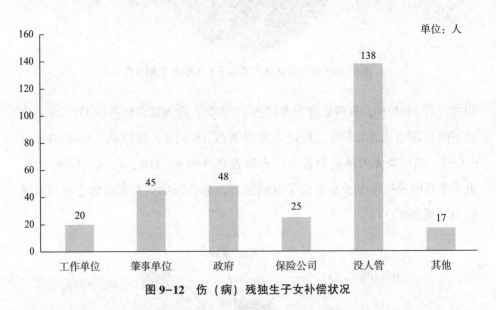

图9-12 伤（病）残独生子女补偿状况

9.2.6 有劳动能力的伤（病）残独生子女接受专业技能培训情况及劳动分配情况

问及可以劳动的伤（病）残子女是否接受过专业技能培训时，51.37%的表示没有接受过技能培训，只有48.63%表示接受过，这类特殊人群的再就业意义重大（见图9-13）。

从有劳动能力的成年伤（病）残独生子女就业或劳动分布来看，务农人数比重最大，占40.78%，接着依次是家务劳动占28.63%、企业上班占13.73%，其他占16.86%（见图9-14）。说明具有劳动能力的伤（病）残独

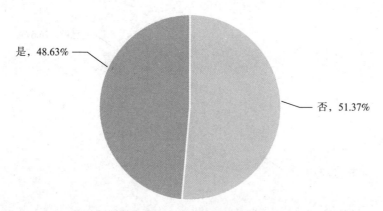

图 9-13　有劳动能力的成年伤（病）残独生子女接受专业技能培训情况

生子女，目前尚未被企业和社会普遍接纳，许多人只能从事家务劳动和重体
力劳动。

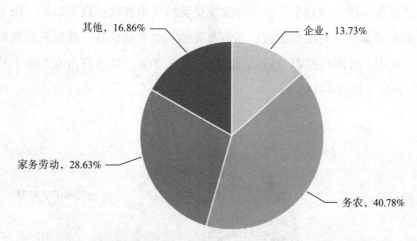

图 9-14　有劳动能力的成年伤（病）残独生子女就业或劳动分布

9.2.7　伤（病）残独生子女的婚姻状况

伤（病）残独生子女在 20～37 岁步入婚育年龄者，占调查总数的
68.62%，因伤（病）残等原因所致，73.33%的人没有结婚，只有 26.67%的
人结婚（见图 9-15），他（她）们未来的婚育前景，又会衍生出家庭和社会
新的难题。

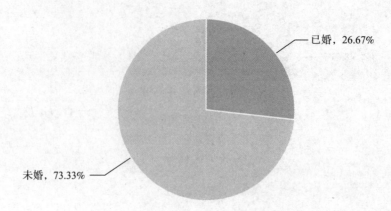

图 9-15　成年伤（病）残独生子女的婚姻状况

9.2.8　伤（病）残独生子女家庭保障状况

计生伤（病）残独生子女父母除享受奖励扶助等优惠政策以外，因子女伤（病）残而导致贫困的家庭，基本都能纳入全省的扶贫、低保和救济对象之中。其中，贫困户占 41.18%，低保户占 35.29%，救济户占 6.27%，其他占 17.26%（见图 9-16）。

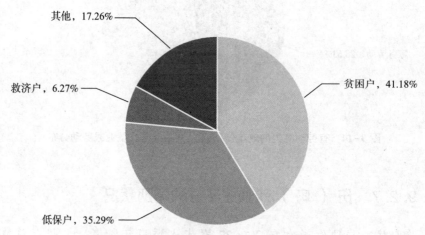

图 9-16　伤（病）残独生子女家庭保障状况

9.3　计划生育伤（病）残独生子女家庭的发展与养老现状

9.3.1　家庭发展中解决劳动力不足的途径

独生子女的伤（病）残，使家庭发展面临着劳动力不足的困扰。其中，计生夫妇老两口自己劳动的比例高达 64.84%，亲戚朋友帮忙的比例达到50.39%，而其余的帮扶比例频次相对较低，依次是：雇工占 13.67%、计生协会帮扶的占 13.67%、村集体帮忙的占 5.47%、加入合作社的占 1.17%（见图 9-17）。可见，计生老人直接参与劳动和亲朋帮忙的比重相对较高，其他形式的劳动帮扶相对薄弱。

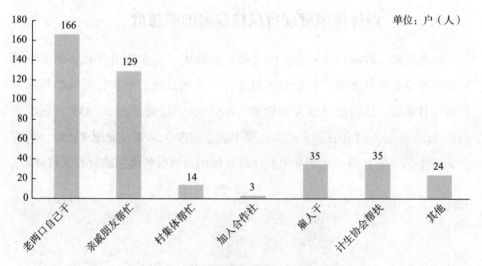

图 9-17　家庭发展中解决劳动力不足的途径

9.3.2　享受计划生育帮扶政策情况

对计生伤（病）残独生子女家庭进行多种形式的帮扶，是党和政府的一贯政策。从统计来看，领取独生子女伤（病）残补助的家庭占 71.88%，当地政府定期来人帮扶的占 28.52%，享受奖励扶助金的占 26.95%，计生协会定向帮扶的占 25.39%, 实现了资金帮扶与干部热心帮扶的有机结合（见图 9-18）。

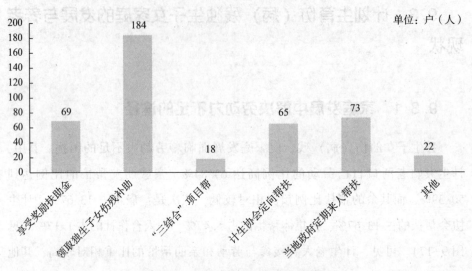

图 9-18　享受计划生育帮扶政策情况

9.3.3　对计生家庭现行帮扶政策的满意度

近些年来，政府对计划生育伤（病）残独生子女家庭出台和实施了一系列优惠政策和帮扶政策，以化解家庭生存、发展难题。对现行帮扶政策满意程度统计表明，认为政策效果一般的占 43.36%，满意的占 39.45%，很满意的占 11.33%，不满意的占 5.47%，很不满意的占 0.39%（见图 9-19）。表明广大计生伤（病）残独生子女家庭比较认同国家现行的优惠政策和帮扶政策。

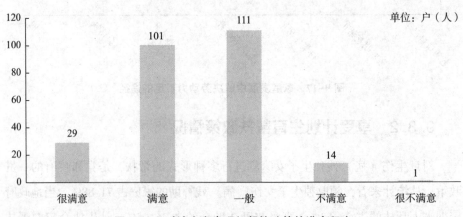

图 9-19　对计生家庭现行帮扶政策的满意程度

9.3.4　伤（病）残独生子女家庭计生夫妇养老现状

伤（病）残独生子女家庭计生夫妇养老，呈现出多元化格局。从现状看，居家养老占50%，劳动自养占33.98%，其余依次是没有人管占4.69%、敬老院养老占4.30%、亲戚家养老占3.52%、社区养老占3.13%、其他占0.38%（见图9-20）。

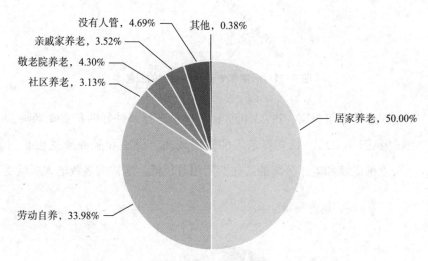

图9-20　伤（病）残独生子女家庭计生夫妇养老现状

9.3.5　计生伤（病）残独生子女家庭夫妇居家养老希望得到的相关服务

居家养老作为陕西暨我国未来养老的重要方式，需要一系列养老服务配套。从计生家庭夫妇居家养老服务的需求来看，首先是家庭病床与护理保健服务，占67.97%；接着依次是：有人陪说话占56.25%、生活用品及药品代购占52.34%、家政服务占46.88%、娱乐休闲占32.42%、送餐洗浴服务占30.86%、老年教育培训占27.73%、其他占4.69%（见图9-21）。

9.3.6　最希望入住的养老机构意愿

计生家庭夫妇最希望入住的养老机构是公立敬老院，比重高达51.17%；

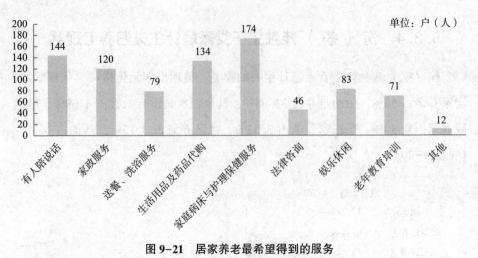

图 9-21　居家养老最希望得到的服务

其次是选择进驻老年公寓，占 23.05%；再次是选择条件好的私立养老院，占
20.70%（见图 9-22）。私立养老院的费用较高，设施和服务质量也相对较
高，而公立敬老院和老年公寓的入住费用相对较低，能被大多数老人所接受。

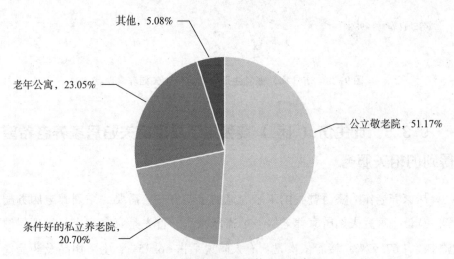

图 9-22　最希望入住的养老机构意愿

9.3.7　养老机构养老每月愿意支付的费用情况

若在养老机构养老，老人愿意每月支付 500 元以内的占 60.16%，愿意支
付 500~1000 元之间费用的占 27.73%，愿意支付 1001~2000 元之间费用的占

10.94%，愿意支付 2001~3000 元之间费用的老人几乎没有（见图 9-23）。可见，月支付 1000 元以内养老费用的比重占近九成，符合目前老人的经济能力。

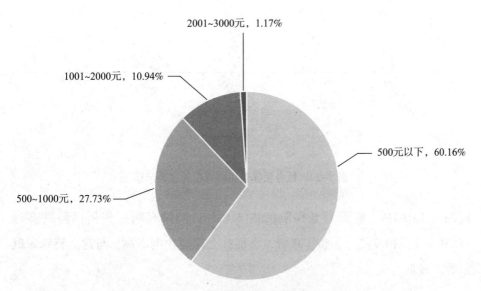

图 9-23　养老机构养老每月愿意支付的费用情况

9.3.8　计生伤（病）残独生子女家庭夫妇社会养老的主要障碍

随着老年人口日益增多，社会养老机构不断增加。计生老人调查数据显示，目前社会养老差强人意的频次依次是：费用高、支付不起的占 69.14%，缺乏家庭温暖的占 51.56%，条件差、不习惯、不舒服的占 37.11%，医护条件差、担心身体健康的占 32.81%（见图 9-24）。可见，费用偏高、情感缺乏和不舒适等，是计生老人对社会养老机构的主要担忧。

9.3.9　计生伤（病）残独生子女家庭购买社会保险情况

社会保险是社会保障的实现形式，对伤（病）残独生子女家庭生存发展的作用非常重大。然而，除购买新农合医疗保险的比例较高（59.38%）外，其他保险的参保率不高，如购买养老保险的占 37.11%、购买人身伤害意外保

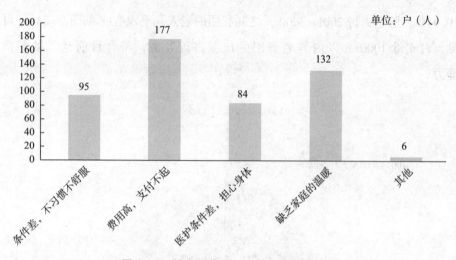

图9-24　社会化养老机构存在的主要问题

险的占 13.67%、购买商业保险的占 5.08%，而没有购买任何保险的高达 18.36%（见图9-25）。整体来看，参加社会保险比例不高，与这类特殊家庭的收入较低有关。

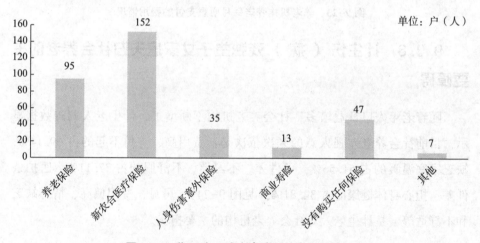

图9-25　伤（病）残家庭购买社会保险情况

9.3.10　伤（病）残独生子女家庭生存发展的约束因素

独生子女伤（病）残，给计生家庭的生存发展带来很大的影响。从调查看：心理煎熬者占 50.39%，超过半数；担心老无所依者占 41.41%；担心无收入来源者占 39.84%；担心病无所依者占 32.03%；担心子女治疗花费太大者占 30.47；担心无人干活者占 24.61%；担心居住条件差者占 18.75%（见图 9-26）。

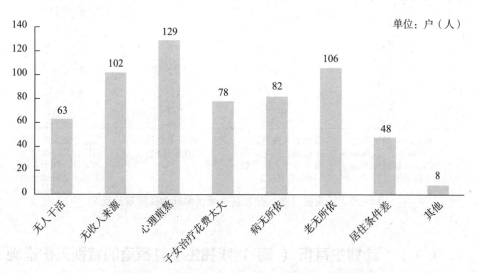

图 9-26　伤（病）残独生子女家庭生存发展的约束因素

9.4　政策知晓度与满意度情况

9.4.1　计生伤（病）残独生子女家庭享受优惠社会保障政策状况

对独生子女伤（病）残的计生家庭而言，享受社会保障至关重要。调查表明：参加城乡居民养老保险（个人缴纳部分按最低标准由政府给予补贴）的比例高达 68.36%；参加新型农村合作医疗（减免父母及子女个人缴费数额的 1/3）的比例达到 52.73%；独生子女发生意外伤残达到三级以上的父母，四十九周岁可享受特别扶助的比例达到 51.95%；提高单病种保险比例的达到 30.08%（见图 9-27）。尽管享受上述三类保障政策的计生夫妇比例尚待提高，但政府政策的特殊眷顾，为计生独生子女伤（病）残家庭提供了多方位的安全保障。

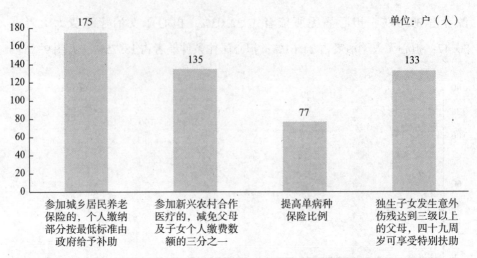

图9-27 计生伤（病）残家庭享受优惠社会保障政策状况

9.4.2 计划生育伤（病）残独生子女家庭的特别关护措施

伤（病）残独生子女家庭除享受政府补助、救济外，还得到了政府的特别关护。目前，政府与这些家庭建立"一对一"联系帮扶工作机制，实行领导包片、干部包抓到户的比例就达到63.28%；对有生育意愿而怀孕有困难的特殊困难家庭，给予每户一次免费试管婴儿的服务，使30.08%的计生夫妇实现了再生育（见图9-28）。

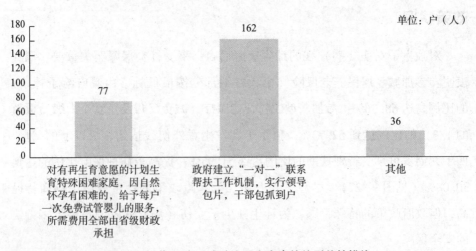

图9-28 伤（病）残独生子女家庭的特别关护措施

9.4.3 计划生育伤（病）残独生子女家庭对现行优惠政策的满意度

面对政府的一系列补助、救济政策，伤（病）残独生子女家庭的政策满意度依次分别为：基本满意者占 43.36%，满意者占 20.70%，不满意者占 11.33%，说不清者占 23.83%，其他占 0.78%。整体看，伤（病）残独生子女家庭对现行优惠政策的满意度较高（见图 9-29）。

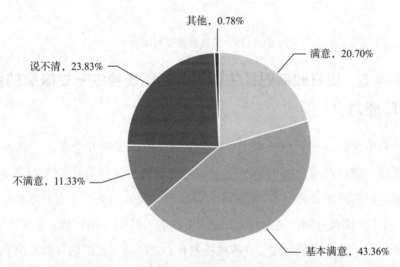

图 9-29 伤（病）残独生子女家庭对现行优惠政策的满意度

9.4.4 完善养老福利项目

因子女伤（病）残，计生夫妇对养老福利项目非常关注，寄希望于社会养老福利设施的完善。从所调查的比例看，期望增加高龄老人补贴占 61.33%，期望提高大病医疗救助标准占 51.56%，期望定期免费体检占 49.61%，期望完善居家养老服务占 40.23%，期望扩大意外伤害保险占 38.28%，接着是增加护理保险和补贴占 27.73%、建立老人应急呼叫系统占 22.27% 和期望临终关怀占 10.15%（见图 9-30）。

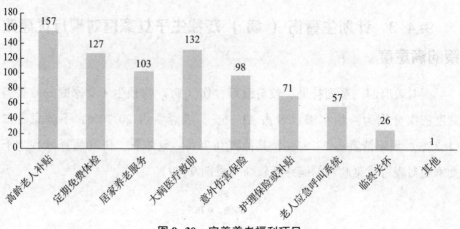

图 9-30　完善养老福利项目

9.4.5　提升政府对计生伤（病）残独生子女家庭的服务与保障能力

计划生育伤（病）残独生子女家庭都面临着夫妇的养老和伤（病）残子女的医疗、生活两个方面的基本需求。调查表明，选择为计生夫妇建立免费公立敬老院的比例最高，占 68.36%，提高伤（病）残独生子女基本医疗保险占 51.17%，接着分别是优先保证安置有劳动能力的伤（病）残独生子女就业、给予伤（病）残独生子女和父母精神抚慰和心理疏导、提高伤（病）残独生子女大病救助报销比例，分别占 45.31%、42.97%、42.19%（见图 9-31）。

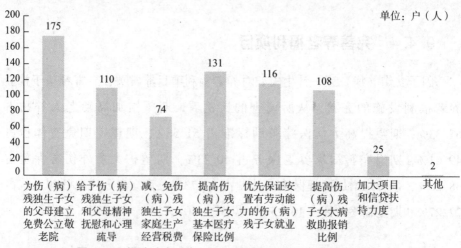

图 9-31　提升政府对伤（病）残计生家庭的服务与保障能力

9.5 计划生育伤（病）残独生子女家庭调查的总体分析

本项目调研涉及两类重要对象：计生夫妇和伤（病）残独生子女，关注三大问题：计生夫妇养老、伤（病）残独生子女的健康与未来、伤（病）残独生子女家庭的生存与发展。

9.5.1 计生伤（病）残独生子女家庭面临的风险分析

新中国成立后，我国出现了 1949—1957 年、1963—1970 年和 1981—1990 年三次人口生育高峰，尤其是第二次人口生育高峰（1963—1970 年）期间的人口增加得最快。为了遏制人口过快增长势头，1971 年 7 月 8 日，国务院转发卫生部等《关于做好计划生育工作的报告》，要求加强对计划生育工作的领导。1973 年 7 月 16 日，国务院成立计划生育领导小组，在计划生育宣传教育上提出"晚、稀、少"的口号。1978 年，计划生育政策正式写入宪法，"提倡一对夫妇生育一个孩子"，1979 年以来，几百万对青年夫妇积极响应党的号召，自愿只生育一个孩子，仅 1979 年一年就比 1970 年少生 1000 万人。面对即将开启的第三次人口生育高峰，1980 年 9 月 25 日，《中共中央关于控制我国人口增长问题致全体共产党员、共青团员的公开信》指出："为了争取在本世纪末把我国人口控制在十二亿以内，国务院已经向全国人民发出号召，提倡一对夫妇只生育一个孩子"。之后，独生子女人数和独生子女家庭不断增多。人口学家分析认为，当一个独生子女届时满 10 岁时，如果生育政策方面没有大的变化，基本可以视为是终身独生子女。截至 2015 年，全国大约有1.5 亿独生子女家庭。按照 1.5 亿独生子女家庭计算，若仅计算独生子女与其父母，按照 3 人的家庭规模，生活在独生子女家庭的人口就有 4.5 亿之多，约占全国人口总数的1/3。若再考虑到相当数量家庭还有祖父母辈，独生子女家庭涵盖的人口比例更高。

独生子女及其家庭群类的形成，为国家控制人口过快增长和促进经济社会全面发展做出了巨大贡献，同时国家也出台一系列优惠政策给予激励和关怀。然而，独生子女家庭本质上属于高风险家庭，风险就在于其唯一性（穆光宗，2002）。

第一，独生子女的死亡风险。当独生子女死亡时，其父母因为没有其他的孩子，丧失孩子的痛苦更加巨大且难以弥补。我国每年新增 7.6 万个失独家庭，50 岁以上失独群体日益庞大，独生子女死亡的家庭达 100 多万个。据统计，截至 2016 年年底，陕西省共有领证独生子女死亡 8000 余人（户）。

第二，伤（病）残风险。独生子女一旦病残、伤残，不仅自己无法赡养父母，而且可能还需要父母的照料，给父母带来巨大的精神压力和经济压力。截至 2016 年底，陕西省共有领证独生子女伤（病）残 3900 余人（户）。

第三，独生子女父母的养老风险。现有的社会保障体系尚未完善，独生子女的父母，依然面临着生活照料、精神赡养甚至经济供养等系统性风险。

第四，计生伤（病）残独生子女家庭的生存发展风险。独生子女伤（病）残，使计生家庭面临着劳动力缺乏和照顾伤（病）残子女的双重压力，导致这类特殊家庭遭遇巨大的生存发展风险。

9.5.2 计生伤（病）残独生子女夫妇再生育可能性分析

所调查的计生伤（病）残独生子女家庭夫妇 49 岁及以下者占 49.02%，理论上还存在着生育二孩的可能性。然而，这类特殊家庭夫妇受到子女长期医疗的经济压力和精神上的痛苦困扰，多数家庭陷入贫困，加之现行生育成本升高，生育二孩后家庭将被取消先前所享受的独生子女优惠政策，因此，他（她）们被迫放弃再生育的机遇。

9.5.3 计生夫妇的劳作与养老

计生伤（病）残独生子女家庭父母的整体受教育程度不高，如小学程度占 46.43%，与其低技术含量的从业结构相匹配，如农业生产者比重高达49.61%。父母较低技术含量职业的收入不高，还要照顾伤（病）残子女的身体和生活，因而，父母只有通过倍增的日常劳动量才能维持生计，从这类家庭收入来源的比例看，劳动所得占比高达 75.0%。再者，所调查的计生父母老龄化高达24.3%，自身非但不能安度晚年，还得为家庭生计辛劳，特别是农村伤（病）残家庭老人，尚无法脱离田间劳动。随着这类家庭老年人口年龄增大和数量增多，仅靠现有的奖扶金、低保金或少量救济金，难以走上小康和富裕的道路，过上幸福美满的生活，现实是这类特殊家庭谁来养老、如何养老已经成为一个非常紧迫的社会问题。

9.5.4　伤（病）残独生子女的健康与未来

尽管计生家庭独生子女的伤（病）残原因多样化，但都能不同程度地纳入医保、低保等社会保障体系，特别是都能纳入陕西省目前实施的健康扶贫重点对象之中。从调查整体看，他们中无劳动能力者占48.43%，有部分劳动能力者占38.13%，而有劳动能力者仅占13.24%；经过专业技能培训者占48.63%；从职业分布看，务农人数占40.78%，而在企业上班的仅占13.73%。这类特殊劳动群体，需要社会特别关照和广泛接纳就业。步入20~37岁婚育年龄者占调查总数的68.62%，其中已婚者仅占26.67%，而七成多尚未成家，形成新的家庭痛点。

9.5.5　计生伤（病）残独生子女家庭的生存与发展

计生伤（病）残独生子女家庭整体收入水平低于全省城乡居民平均水平，人均收入处于贫困线以上者高达30.68%，贫困发生率高。计生伤（病）残独生子女家庭除享受计生优惠政策外，基本都能纳入全省的扶贫、低保和救济对象之中，家庭生存条件可以得到基本保证。子女伤（病）残，计生夫妇老龄化程度高，导致这类特殊家庭发展普遍面临劳动力不足的尴尬。如何化解这类家庭发展中劳动力不足的矛盾？特别是重点解决子女无劳动能力而父母年老体弱是这类特殊家庭的长期发展难题。需要创新体制机制。

9.6　计划生育伤（病）残独生子女家庭现状问题对策研究

自1979年提倡和推行一对夫妇生育一个孩子政策到2016年全面实施两

孩政策，计划生育政策在全国实施了 37 年之久。若按 20 世纪 70 年代初期生育率计算，陕西省少生人口达 1200 万，创造了人类生育史上的奇迹，为陕西经济社会持续快速发展创造了良好的时间和空间，可谓功高至伟。

然而，独生子女伤（病）残为计生家庭带来了生存发展的实际困难，对这些为国家做出贡献的特殊家庭，党和政府应该关心他们的生产和生活，并建立健全长效关爱机制。从与基层干部群众座谈和入户调查情况来看，县区政府都在积极探索计生特殊家庭系统的帮扶机制。如镇巴县紧紧围绕创建国家级计生优质服务示范单位的目标，全县计生家庭在享受国家奖励扶助政策的同时，加大政府投入，整合相关部门资源和惠农政策，着力构建"党政主导、部门协同、社会参与、多方关怀"的工作格局，逐步形成纵向到底、横向到边的计生家庭分类层级帮扶工作长效机制，对全县 53 户计划生育独生子女伤（病）残特殊家庭 136 人实施全方位的关怀扶助，积极探索建立计生家庭为主的"分类层级结对帮扶机制"，尤其对计生特殊家庭在生产、生活、情感、养老等方面给予全方位、多层次的关怀扶助，形成了推动计生特殊家庭发展的强大合力，深受广大群众的赞誉，使他们感受到党和政府的温暖和关怀。其经验做法值得各地学习借鉴。

9.6.1 深刻领会中央、省级文件精神，认真落实《陕西省人口与计划生育条例》

党和政府长期高度重视计划生育伤（病）残独生子女家庭的生存与发展问题，中央部委和陕西省政府出台了系列关怀政策，必须学习好、落实好，使各项优惠政策惠及每一个特殊家庭及其成员。

第一，认真学习和领会中央精神，促进社会和谐稳定。深入领会中共中央、国务院印发的《"健康中国 2030"规划纲要》和党的十九大报告中的健康中国战略，认真贯彻落实国家人口计生委等五部委《关于进一步做好计划生育特殊困难家庭扶助工作的通知》，国家卫生计生委办公厅、中国计生协会《关于开展计划生育特殊困难家庭社会关怀的通知》等文件精神，切实做好陕西计生特殊家庭帮扶关怀工作。

第二，全面贯彻落实《陕西省人口与计划生育条例》（以下简称《条例》），把对计划生育伤（病）残独生子女家庭的关爱落到实处。2022年5月25日陕西省第十三届人民代表大会常务委员会第三十四次会议第三次修订《条例》做出了权威性的规定，充分体现了党和政府对特殊计生家庭生存发展的关心和重视。例如《条例》第五十二条规定："在国家提倡一对夫妻生育一个子女期间的独生子女发生意外伤（病）残达到三级以上，其父母不再生育并不再收养子女的，自父母年满四十九周岁起，由所在地的县（市、区）人民政府按照国家和本省有关特别扶助的规定，按月给予生活补助"；《条例》第十七条规定："县级以上扶贫部门应当把计划生育贫困家庭列为优先帮扶对象，在资金、项目、技术服务等方面提供相应支持"；在《条例》第五十一条中，对独生子女家庭出台了七条具体的优待政策。政府有关部门、居民委员会、村民委员会及相关组织必须全面学习和贯彻落实《条例》内容，从思想上和行动上高度关爱计生特殊家庭。

第三，各级基层政府结合中央和省级政策和《条例》，制定切合实际的实施方案。由于独生子女伤（病）残状况不同和各地财政经济状况差异，各地在具体贯彻落实《条例》内容时会有所差别。但必须拿出与精准扶贫一样的气魄，精准帮扶计生特殊家庭。

从《条例》内容和面对面访谈情况看，各地对失独家庭政策及其落实比较满意，但对计生伤（病）残独生子女家庭的政策落实上仍有一定盲区，致使一些伤（病）残独生子女家庭感到失落和无助，存在着因病致贫、返贫的风险。

9.6.2　借助信息化管理手段，建设计生特殊家庭智慧健康平台

计生家庭中的伤（病）残独生子女及其父母，他们共同面临着疾病防治与养老健康这样一个共同的问题。居住在平原和城镇及其周边地区的计生特殊家庭，就医相对方便，而居住在山区及其边远地区的计生特殊家庭，其就医非常不便。在网络信息技术普及的今天，应该摒弃传统的思维与做法，充

分利用互联网、云计算、大数据、智能硬件等新一代信息技术产品，积极借助目前国家推行的健康扶贫和智慧养老示范的创新性做法，积极打造陕西伤（病）残家庭智慧健康平台，是一种有效化解计生特殊家庭医疗健康难题的创新性选择。

第一，推广健康信息化管理，建立全省计生特殊家庭医患关系信息库。摸清陕西省 3900 户独生子女伤（病）残家庭的疾病与健康状况，分别按大病、小病、慢性病等，建立与医卫单位一一对接的医患关系信息网络平台，一旦发病，可以通过专用智能机、腕表、手机 App 等智能化互联互通方式，直接与责任医院及责任医生取得联系，做到及时医治，实现个人、家庭、社区机构与医卫健康资源的有效对接和优化配置，推动健康服务智能化升级，提升健康服务质量效率。

第二，建设智慧健康平台，及时预防全省计生特殊家庭疾病。依靠计生特殊家庭人群所佩戴的远程信息产品——如含有诊断芯片的各类腕表、服装、鞋帽、腰带等，能够把身体健康变化的主要数据及时传输到县（区）、市、省的健康信息控制中心，发现疾病先兆，可以做到提前预防和及时的网络医生诊治，大大降低医患的机会成本，做到大病化小，小病化了，提高健康幸福指数。

第三，基层组织要认真建立健康档案，做好特殊人群疾病的基础数据统计工作。县（区）卫计部门会同基层部门和机构，认真统计和筛查计生特殊家庭智慧健康台账，做到智慧健康精准到人。

第四，以社区卫生院（站）为中心购置专业设备，为计生特殊家庭提供健康服务管理。定期为伤（病）残子女和计生夫妇采集健康数据，如测量血压、血糖、体重、体脂、体温，出具专业健康报告，给予专业的营养、医疗方面的指导，社区定期为计生特殊家庭成员提供医疗咨询、健康讲座、专家义诊、心理咨询、精神慰藉、法律援助、家政服务、送医送药上门等医疗健康与生活服务。同时，提供专业的理疗保健设备，计生特殊家庭成员可在指定的基层卫计服务机构享受专业理疗服务。

9.6.3 免费培训有劳动能力的伤（病）残独生子女，提高就业能力和家庭发展能力

调查发现伤（病）残独生子女中有部分劳动能力者占38.13%，有劳动能力者占13.23%，他们中仅有约48%的人接受过专业技能培训，且务农人数超过四成。随着现代经济发展和第三产业的崛起，他们在非农产业从事与身体状况相适应工作的前景十分广阔。

第一，加强对有劳动能力伤（病）残独生子女的培训工作，做到免费职业技术培训无遗漏。大多数伤（病）残独生子女家庭属于贫困家庭，必须把精准扶贫的做法用于有劳动能力伤（病）残独生子女的培训工作之中，建档立卡，按照他们的爱好或专长进行定点免费培训，使他们熟练掌握就业、创业的一技之长。

第二，企业要勇于承担社会责任，形成吸纳有劳动能力伤（病）残独生子女优先就业的良好氛围。2008年颁布实施的《中华人民共和国残疾人保障法》第三十六条规定：国家对安排残疾人就业达到、超过规定比例或者集中安排残疾人就业的用人单位和从事个体经营的残疾人，依法给予税收优惠，并在生产、经营、技术、资金、物资、场地等方面给予扶持；县级以上地方人民政府及其有关部门应当确定适合残疾人生产、经营的产品、项目，优先安排残疾人福利性单位生产或者经营，并根据残疾人福利性单位的生产特点确定某些产品由其专产；政府采购，在同等条件下应当优先购买残疾人福利性单位的产品或者服务；地方各级人民政府应当开发适合残疾人就业的公益性岗位。对于伤（病）残的计划生育独生子女，在就业的扶持、优惠政策方面应该有更多的倾斜。

第三，优化创业环境，鼓励计生伤（病）残独生子女积极创业。《中华人民共和国残疾人保障法》第三十六条还规定：国家对从事个体经营的残疾人，免除行政事业性收费；对申请从事个体经营的残疾人，有关部门应当优先核发营业执照；对从事各类生产劳动的农村残疾人，有关部门应当在生产服务、技术指导、农用物资供应、农副产品购销和信贷等方面，给予帮助。

9.6.4 完善计生夫妇养老体系，支持有生育能力的夫妇生育二孩

调查的计生伤（病）残独生子女父母的年龄结构为：60岁及以上老人占24.31%，50~59岁之间者占26.67%，40~49岁之间者占32.55%，40岁以下者占16.47%。数据显示，一方面，伤（病）残独生子女家庭老龄化率高，社会养老保障事业刻不容缓；另一方面，49岁以下尚有生育能力者占49.02%，应创造条件，鼓励生育二孩。

第一，振兴城乡经济，增加计生特殊家庭收入。独生子女伤（病）残导致计生家庭致富缺乏骨干劳动力，家庭收入低，父母年长难以继续从事重体力劳动。因此，振兴乡村经济，深化农村改革，鼓励土地流转和发展集体股份合作制，既可以把老人从重体力农业劳动中解放出来，又可以获得土地租金收入和集体财产增值收益，使他们安度晚年。

第二，建立多层次养老保障体系，以居家养老为主。按照"政府主导、政策扶持、多方参与、统筹规划"的发展思路和国家民政部社会养老服务"9073"（90%居家养老、7%社区养老、3%机构养老）的总体要求，以日间照料中心和社区卫生服务站建设为重点，积极构建以"居家养老为依托、机构养老为支撑、医养结合为补充"的计生特殊家庭多层次社会养老服务体系。即有生活能力的计生老人实施居家养老方式，生活不便或者无人照管的计生老人，可实施社区养老或机构养老的方式。

第三，借助生殖服务辅助设施，支持有生育能力的夫妇生育二孩。调查发现有近乎一半的计生特殊家庭夫妇在49岁以下，具备生育能力，在自愿基础上，政府应该支持其生育二孩，以弥合独生子女伤（病）残给家庭带来的创伤。对有再生育意愿的计生特殊家庭，由县（区）卫计局落实医卫人员对符合生育政策的夫妇进行咨询指导，免费提供输卵（精）管复通、住院分娩等服务。因年龄和身体等原因，需要实施辅助生殖技术的，由指定的医疗服务机构负责免费受孕指导、孕期保健及住院分娩等服务。

9.7　构建计生伤（病）残独生子女家庭生存发展的长效帮扶机制

独生子女的生存风险直接影响着家庭的生存风险。据统计，每 1000 个出生婴儿中约有 5.4% 的人在 25 岁之前死亡，12.1% 的人在 55 岁之前死亡。在生命周期早期出现的生存风险可以通过补偿性生育得到消解，如果是大龄独生子女夭折或者发生严重伤（病）残事件，对家庭的打击几乎是毁灭性的。

独生子女家庭本质上是风险家庭。一是孩子的成长风险，主要包括夭折、重病等风险；二是孩子的成才风险，由于父母的爱过分聚焦、期望过高、养教方式不甚科学等原因，相当数量的独生子女家庭深深受到成才问题的困扰；三是家庭的养老风险，如果前两个风险发生，养老风险必然发生，如果避免了前面的风险，养老风险依然存在；四是社会的发展风险；五是国家的国防风险（穆光宗，2006）。

现行计划生育奖励扶助政策需要重点修订的内容，一是"双轨制"，以新法实施为标志，实行老人老办法，新人新办法；二是包到底，重点解决好历史形成的独生子女家庭和计划生育特殊家庭的实际困难；三是增重点，把解决伤（病）残独生子女家庭的实际困难放在重要位置。

独生子女伤残死亡家庭除了获得国家补偿金外，更渴望精神层面的交流与抚慰，以缓解精神上的孤独、封闭与自卑（乔晓春，2006）。而当他们老了以后，则更多关注养老和医疗问题。

农村伤残或死亡独生子女家庭是计划生育政策催生的政策性特殊弱势群体，养老的物质保障薄弱，养老的医疗保障不足，缺乏日常生活照料，精神慰藉匮乏。因此建设农村伤残或死亡独生子女家庭保障服务势在必行，通过加强物质经济的保障、日常生活照料的保障、精神情感的慰藉机制和建立多元农村帮扶组织等途径构建多元社会组织参与的保障机制建设。

目前实施的针对失独伤残家庭的特殊扶助政策，由于向地方政府赋权过多，不可避免地导致了标准过低、差异太大、不够公正的缺陷，地方执行难，群众抱怨多。解决好这一问题，就要求政府承担起失独残独家庭的托底保障，为这些家庭提供经济扶助、就业扶助、生活照料、医疗服务、心理慰藉等综合扶助，帮助他们解决日常生活困难和养老服务等问题。

针对独生子女意外伤残或死亡这一与计划生育政策有关的社会问题，必须建立配套的社会制度，要保障我国人口的可持续发展，必须把现行的人口和计划生育政策推演为"人口和计划生育制度"，以有效的制度规避独生子女家庭的风险，应建立独生子女人寿保险制度和意外风险公基金制度，建立对独生子女伤残或死亡家庭的物质扶助制度，建立对独生子女伤残或死亡家庭的无偿法律援助机制，帮助独生子女伤残或死亡家庭恢复生产（工作）的制度，建立对独生子女伤残或死亡家庭的生活、养老困难帮扶制度和对独生子女伤残或死亡家庭父母的精神抚慰机制。

特别扶助制度是计划生育基本国策的一项配套政策，是国家为保障独生子女死亡伤残家庭的特殊利益而建立的一项保障制度，获得特别扶助金的家庭不因此而影响其享受其他相关的社会保障待遇。特别扶助制度主要存在的问题：一是患重大疾病的独生子女父母尚不能纳入特别扶助制度，由于特别扶助制度要求独生子女伤残的须具有三级以上的《残疾人证》，对独生子女身患重大疾病、尚未治愈，没有被残联部门确认为残疾人并依照法律规定发给《残疾人证》的，其父母目前还不能纳入特别扶助制度之中。二是特别扶助制度落实的及时率还比较低，宣传力度不够，不少符合条件的独生子女死亡伤残家庭不能及时知晓政策和及时提出申请，也就未能及时纳入特别扶助制度；也有一些符合条件的独生子女死亡伤残家庭由于申请要填写有关表格，提供有关证明材料，因不愿触及令人伤心的过去，而没有提出申请。三是申请特别扶助待遇的程序，包括年审以及提供有关证明材料应当进一步简化，以方便群众办事，同时尽可能少地触及或避免反复触及独生子女死亡伤残家庭伤心的往事。

健康扶贫是脱贫攻坚战中长期而艰巨的任务。近年来我国每年的脱贫人口在千万以上，却出现了因病返贫的比例提高现象，如2014年的贫困人口因病致贫、返贫的占42%，2015年占44%，截至2017年5月的比重为45%。独生子女伤（病）残家庭因病返贫的概率则会更高。

目前，有关计生伤（病）残独生子女家庭生存发展研究的理论成果还不多，大量成果将其纳入一般贫困家庭问题研究，忽视了这类家庭的历史特殊性，关于计生伤（病）残独生子女家庭生存发展的长效帮扶机制研究尚处于"碎片化"状态，本研究试图结合对陕西的调研而做一系统的、粗浅的探索。

计生特殊家庭长效帮扶制度建设的重点在省政府层面，通过系统的法律条例和系列优惠政策给予保证。而计生特殊家庭长效帮扶制度的落实，重点则在县（区）及以下政府和计生协会等基层组织所建立的长效工作机制。

因此，计生伤（病）残独生子女家庭在享受国家奖励扶助政策的同时，县（区）要整合相关部门资源和优惠政策，在生产、生育、生活、入学、就医、养老、情感等方面给予计生特殊家庭全方位、多层次的关怀扶助，通过落实"六免三补三服务"和层级结对帮扶，构建长效关怀帮扶机制，以形成推动计生特殊家庭发展的强大合力。

在计生家庭生存发展的长效工作机制建设方面，镇巴县走在全省前列，以下为对他们的经验调查，供陕西各县（区）经验分享和决策参考。

9.7.1　"六免三补三服务"机制

1. 施行"六免"机制

一是免费保险。县（区）财政每年为 59 周岁以下的计生特殊家庭成员每人购买 800 元的社会养老保险，每年为计生特殊家庭成员购买一份重疾意外保险，省计生协会每年为计生特殊家庭成员购买一份重疾意外保险。

二是免费参合。农村计生特殊家庭参加新型农村合作医疗和城镇居民、职工计生特殊家庭参加医疗保险，个人应交费用全部免交。

三是免费体检。县（区）镇（街道办）医疗机构每年为计生特殊家庭成员免费进行一次健康体检，体检费用由县（区）卫计局从健康教育经费预算中据实拨付。

四是免费就医。计生特殊家庭成员持"爱心服务卡"到县、镇医疗机构可享受优先免费就医，经新农合医疗、大病保险、民政救助一站式报销后，剩余部分由医疗机构全部承担，县财政统一预算，卫计局每半年拨付一次。

五是免费监护。对60周岁以上因子女重伤残而无法赡养、抚养的计生家庭老人，镇（街道办）应在充分征求本人意见的基础上，协调常住地的村（居）民委员会为其确定一名监护人，监护人的年标准工资纳入镇（街道办）财政解决。

六是免费养老。各镇（街道办）将符合五保条件的计生家庭老人申报为五保对象，按照自愿和就近的原则，优先安置入住敬老院。

2. 推行"三补"机制

一是补助生活费。将符合低保政策的计生特殊家庭优先纳入城乡最低生活保障。

二是补助生产（创业）资金。各镇（街道办）每年为计生特殊家庭进行生产（创业）资金补助，县（区）卫计局、计生协会对计生特殊家庭较多且帮扶工作落实较好的镇（街道办）给予适当奖补。

三是补助丧葬费。对列入五保对象的计生特殊家庭成员死亡的，民政局按标准给予丧葬补助。

3. 推广"三服务"机制

一是再生育服务。县（区）财政将计生特殊家庭再生育补助资金每年纳入预算，对有再生育愿望的，在省市免费辅助生育的同时，县（区）卫计局、计生协会每例补助1万~3万元。

二是节日关怀服务。形成县（区）级领导和部门与计生特殊家庭结对帮扶机制，每年在春节、端午、中秋、重阳等主要传统节日期间，对计生特殊家庭至少开展1次节日慰问，及时了解其困难和需求，给予生活关怀和精神慰藉。

三是心理疏导服务。镇（街道办）、村（社区）干部定期入户访视，帮助计生特殊家排解心理压力和精神痛苦；对丧偶或离异的家庭成员，镇（街道办）、村（社区）干部和计生协会会员，积极搭建平台，提供再婚和重组家庭服务。

9.7.2　建立层级结对帮扶机制

"县（区）、镇（街道办）、村（居委会）、组（社区）"四级"多对一"帮扶。县（区）级领导结对帮扶 2 户计生特殊家庭，联镇（街道办）部门和各镇（街道办）、镇（街道办）卫生院的领导班子成员每人至少结对帮扶 1 户计生特殊家庭。村（居委会）干部负责建好帮扶档案，村民组长（居委会主任）、计生协会会员负责对辖区计生特殊家庭的生产帮助和生活照料，及时向镇（街道办）卫计办汇报需求信息；镇（街道办）定期向结对帮扶的县（区）级领导和相关部门反馈信息，做好协调工作。

9.7.3　讨论

第一，建立计生伤（病）残独生子女家庭分类帮扶机制。根据独生子女伤（病）残等级、计生夫妇年龄和家庭收入状况进行分类。凡是独生子女伤（病）残三级以上、计生夫妇 60 岁以上和家庭收入处于城乡贫困线附近的计生家庭，应该全部纳入城乡低保户范围。

第二，参与新农合保险的缴费机制。随着城乡经济发展水平不断提高和农村居民医疗服务需求逐步释放等，我国新农合筹资水平由试点初期的每人每年 30 元逐步提高到 2017 年的 630 元，其中，政府补贴由 20 元提高到 450 元，个人缴费由 10 元提高到 180 元。2022 年，陕西城乡居民医保筹资标准提高到人均 900 元，其中，个人参保缴费标准为每人每年 320 元，财政补助每人每年 580 元。凡符合第一条分类标准的计生特殊家庭，个人缴费部分应该由政府财政全额承担。

第三，计生家庭父母养老保险机制。凡符合第一条分类标准的计生特殊家庭老人，因子女属于三级以上伤残，应及时送敬老院免费赡养，采取政府购买服务为计生伤残家庭立项，解决他们生产、生活等方面的实际问题；对于慢性病患者建立计生伤残家庭慢性病救治制度，可采取由政府出资、商业保险公司承担的模式解决。

第四，监护人待遇机制。凡符合第一条分类标准的计生特殊家庭，当子女伤残和老人行动不便时，基层村（居）委会应安排监护人进行日常护理，监护人的工资待遇由当地镇（街道办）财政解决。

第五，生产（创业）帮扶机制。对伤（病）残计生子女有劳动能力或有部分劳动能力的家庭，县（区）政府相关部门应优先给予免费培训，并给予一定数额的生产（创业）帮扶资金，提升家庭发展能力。

第六，特殊家庭计生夫妇生育二孩应适度保留原有优惠政策。按照2016年修订的《条例》第六十二条规定，领取"独生子女父母光荣证"后又生育子女的，由发证机关收回其《独生子女父母光荣证》，不再享受本条例规定的相关奖励和优待。2022年5月25日新颁布的《陕西省人口与计划生育条例》第五十一条的规定，与2016年《条例》第六十二条规定完全相同。生育二孩后，计生老人的奖励扶助和伤残子女的相关福利政策将会被取消。因此，我们认为，《条例》的规定主要是针对健康独生子女家庭而言的，对生育二胎的计生特殊家庭，应根据独生子女伤残等级酌情处理，而不应全部取消，搞一刀切。

镇巴县的经验分享Ⅰ：为了切实做好计生特殊家庭的心理疏导和精神慰藉，镇巴县在推动卫计系统深度融合过程中，又创新推出了三项机制：一是生日慰问机制。镇卫生院院长和卫计办主任在服务片区计生特殊家庭成员过生日时送去200元慰问金（或礼品）进行生日祝福并开展家政、义诊服务。县卫计局每年初将慰问资金预拨到各镇卫生院，每次慰问祝福场景通过系统微信群反馈，县协会办确定专人收集，并考核通报。二是上门诊疗机制。镇卫生院每年深入片区计生特殊家庭免费诊疗不低于2次，一般疾病现场治疗；需入院治疗的，免费接入卫生院或县级医院治疗，2016年全部纳入县、镇、村家庭医师团队签约服务。三是短信互动机制。县卫计局、计生协会2016年建立了计生特殊家庭（含监护人）短信平台，每月发送一条奖扶优惠政策和健康知识信息，每逢传统节日和法定纪念日发送一条慰问短信，并随时回访计生特殊家庭生产、生活和健康状况。同时，抽查政策落实和服务到位情况，纳入每月通报和绩效考核，使计生特殊家庭关怀帮扶形成长效机制并真正落到实处。

镇巴县的经验分享Ⅱ：2016 年，镇巴县为 115 名 16~59 周岁的计生特殊家庭成员购买社会养老保险 9.2 万元。460 人免交新农合参合资金 5.9 万元，投入 19.32 万元为 481 人开展免费健康体检。县财政专项预算拨付计生特殊家庭免费医疗补助 50 万元，为 242 户计生特殊家庭补助生产资金 24.2 万元。补助 6 户再生育资金 9 万元，3 户辅助生育成功，3 户领养了孩子，给 11 人拨付丧葬补助 6600 元。149 名计生特殊家庭成员享受了五保待遇，332 人优先纳入了城乡最低生活保障。全县各级各部门累计开展计生特殊家庭节日慰问活动 338 次，慰问资金 15.65 万元，各镇 (办) 开展生日慰问 156 人次。全县近十年来无一例计生特殊家庭人员上访诉求。

9.8　结论

计划生育独生子女家庭，为陕西控制人口过快增长做出了贡献和牺牲，也为经济社会快速发展赢得了时间与空间。计划生育家庭独生子女因故伤 (病) 残之痛，不仅是家庭之痛，更是国家之痛、社会之痛。在我们拼搏实现中国全面小康社会的进程中，我们不能忘记他们无私的历史贡献。

第一，建立计生特殊家庭长效帮扶机制是新时代赋予我们的神圣使命。计生特殊家庭长效帮扶制度建设的重点在央、省政府层面，通过系统的法律条例和系列优惠政策给予保证。而计生特殊家庭长效帮扶制度的落实重点则在县 (区) 及以下政府和计生协会等基层组织所建立的长效工作机制。在国家级贫困县——镇巴县试行的 "六免三补三服务" 和层级结对帮扶长效工作机制，深受伤 (病) 残独生子女计生家庭欢迎。

第二，打造计生特殊家庭帮扶的健康智慧平台。充分利用物联网、云计算、大数据、智能硬件等新一代信息技术产品，借助目前国家试行的健康扶贫和智慧养老示范的创新性做法，积极打造陕西伤 (病) 残家庭智慧健康平台和智慧养老平台，有效化解计生特殊家庭医疗健康难题。

第三，实施培训和扶持相结合。提高有劳动能力伤 (病) 残独生子女的就业和创业能力，继而增强家庭持续发展能力，相应减轻财政负担和社会负担。同时，大力发展农村集体经济，优先吸收计生特殊家庭参与到集体组织的股份合作经济之中，发展农业现代化经营，减轻劳动负担，增加家庭收入。

第四，建立以居家养老为主的多层次社会养老服务体系。建立计生老人多层次养老保障体系，以日间照料中心和社区卫生服务站建设为重点，积极构建以"居家养老为依托、机构养老为支撑、医养结合为补充"的计生特殊家庭多层次社会养老服务体系，使计生老人安度晚年。

第五，完善特殊家庭夫妇再生育政策。具备生育能力的特殊家庭计生夫妇，在自愿基础上，应该鼓励其生育二孩，以弥合独生子女伤（病）残给家庭带来的创伤。同时，对现行《陕西省人口与计划生育条例》第五十一条进行适当修订，可部分保留原独生子女家庭所享受的优惠政策，以便与健康独生子女家庭在政策上有所区分。

第六，建立"多帮一"的多层帮扶工作机制。目前，计生伤（病）残独生子女家庭生存发展遇到诸多挑战，借鉴镇巴县的成功经验和做法，通过建立多层帮扶体系和"多帮一"的工作机制，能够及时解决特殊家庭所遇到的各种难题，体现党和政府惠民、亲民、爱民的责任担当。

第10章　西方生育成本理论述评

国外学者对于人口经济学的研究最早可以追溯到18世纪下半叶，早期的研究主要聚焦于人口与宏观经济的关系。西方学界对于生育成本的研究始于20世纪中期，关于生育成本的研究侧重于从家庭领域来阐述养育孩子给家庭所带来的成本及损失。由于生育的社会成本是否存在，受到微观家庭生育决策的影响，所以西方学者对于生育的社会成本的研究多是通过对家庭生育决策的研究间接解释社会的生育成本的成因。

10.1　生育成本理论

生育的家庭成本主要是从微观的视角，从家庭领域来研究养育孩子的成本及其给家庭福利造成的损失。

哈维·莱宾斯坦（Harvey Leibenstein）在1954年和1957年相继出版了《经济——人口发展理论》和《经济落后与经济增长》两部著作，并在《经济发展与生育率的关系》中首次提出生育孩子的基本成本可以分为直接成本和间接成本。其中，生育的直接成本包括怀孕生育费用、子女的抚养费用、教育费用、医疗费用及其他经济方面的支出；间接成本是指为父母为了抚养和培育一个新增子女所损失的受教育及获得收入的机会，又称为机会成本。

加里·斯坦利·贝克尔（Gary Stanley Becker）在1960年发表的《生育率的经济分析》一文，将经济学的边际效用引入了家庭和生育的研究领域，最先运用西方经济学关于消费行为的理论，对家庭人口的生育决策行为进行分析，提出了子女的成本—效用理论和数量—质量替代理论，他在研究生育率下降和家庭收入的关系时认为家庭中每多出一个孩子，则需要考虑家庭中为养育这个孩子而付出的经济成本以及非经济成本。

法国著名人口学家阿尔弗雷德·索维（Alfred Sauvy）分别从家庭开支的费用和家庭的生活水平两个角度来定义生育成本，他将其定义为"计算属于某一社会阶层的一个家庭中养育儿童的实际费用"和"一个家庭添一个孩子后，要使生活水平不降低所需增加的额外收入。

Pohlman 和 Fawcett 指出生养孩子的成本还必须包括对夫妻关系和个体自由发展所带来的负面影响，例如，夫妻独处和互动时间减少、因孩子而产生夫妻冲突、外出缺乏灵活性和自由、事业发展的地域和时间受限等。

Presser 认为生育成本测量要充分考虑妇女的生育意愿和妇女生育的机会成本（因生育放弃的工作、占用的时间等）。

Mc Donald、Stanfors 和 Hakim 强调在研究生育成本时要重点关注经济波动对妇女就业、妇女地位以及妇女生活方式选择的影响。

威利斯（Willis）在基于十个国家的数据建立的生育模型中发现，一个家庭中的男性在劳动力市场的优势使其在生育成本中更多地承担了经济成本，在女性不参与劳动市场的时候，女性付出的更多的是经济成本以外的成本。

苏珊（Sousan）在评估女性自主性对生育能力的影响时，提出加强妇女的基本自由，应该增强贫困妇女对关键资源的获取和控制能力。

康奈尔大学的谢利（Shelley）等学者通过实验研究证实了女性在就业中"母职惩罚"现象是真实存在的，认为职业上的歧视并非是单纯的性别歧视，而更多的是对生育女性的歧视，女性是生育成本的主要承担者，成为西方人口研究学界的共识。

10.2　生育决策理论

西方学者对于生育的社会成本研究主要是运用孩子成本—效用、孩子价格、收入等因素来说明经济因素对于生育决策的影响。先是从孩子这一主体过渡到母亲这一主体再到社会阶层的这一路线，贯穿其中的主线是价格与收入这一因素。

理查德·伊斯特林（Richard A. Easterlin）开创了关于孩子效用—负效用理论，成为将经济学理论应用于人口生育研究的先驱者之一，他认为孩子效用主要是由直接效用、间接效应和保障效应三部分构成。人类生育行为由家庭对孩子的需求、家庭潜在生育率、生育成本三大因素决定。孩子的成本和效用是影响家庭生育决策的因素。

阿瑟·奥肯（Arthur M. Okun）创立了孩子价格模型，他认为假若孩子的价格不发生变化，不同收入水平下的预算线是平行的，随着收入的增加会增加对孩子的需求；假若孩子价格发生变化，预算线发生变化，收入正效应会被价格效应所抵消，会导致孩子需求的减少，奥肯认为孩子的价格是影响生育决策的主要因素。

贝克尔在奥肯的孩子价格模型的研究基础上，将消费者选择理论运用于生育率的分析提出了孩子需求的理论，认为收入是影响孩子需求的重要因素，但决定孩子数量的并不是家庭的绝对收入水平，而是丈夫与其所属职业集团的其他成员对比下的相对收入。

贝克尔和弗里德曼（Debrah Freedman）认为影响家庭生育决策的因素更多与不同社会阶层的收入有关，由于阶层收入又影响着孩子的价格，所以不同阶层有不同的孩子价格，最终影响着他们的生育决策。

约翰·卡德维尔（John C. Caldwell）认为，决定生育率高低的根本条件是家庭内部代际财富流的变化，当财富流主要从年青一代流向年老一代时往往出现高生育率，否则亦相反。

朱利安·L. 西蒙（Julian L. Simon）在他的《人口增长经济学》中详细分析了家庭收入和国民收入对生育率的短期和长期影响，家庭中丈夫和妻子的地位和收入结构短期内影响生育率，而国民收入和人均国民收入的增加对生育率的影响往往是长期、全面、结构性和社会性的。

总之，西方经济学派是以收入、价格作为衡量孩子成本、母亲成本、阶层差异为依据，然后找出影响生育决策的主要因素，并间接解释生育成本。西方国家在第二次世界大战后纷纷完成工业化和城市化，生育成本不断上升，加之妇女地位上升、社会保障普及和孩子边际效用下降等因素影响，生育率出现下降趋势。

10.3 简短的评价

西方学者运用现代经济学的方法和理论研究生育成本与收益及其生育决策理论，对现代经济学发展特别是人口经济学的创立做出了重要贡献。

第一，从家庭生育决策独特视角研究了生育的成本和收益问题，用经济学方法分析了家庭生育社会学问题，拓展了现代西方经济学内容，在一定程度上揭示了发达国家和发展中国家的生育成本变动和人口发展趋势。

第二，在不同假设条件下，创设了孩子生产供求理论、代际财富流理论、时间配置理论、孩子效用理论、孩子数量—质量互变理论、人力资本理论和长短期收入影响生育水平理论等，形成了新的西方人口经济学体系。

第三，提出了预防生育成本上升和生育率下降陷阱的应对机制，例如，分摊家庭生育成本、义务教育、延长生育假、增加生育津贴、生育保险、降低生育家庭收入所得税和完善生育社会保险等，为政府生育决策和国家生育立法提供了依据。

然而，从马克思主义人口理论来看，西方生育成本及其生育决策理论却存在着反科学、伪科学的一面，我们必须辩证对待。

第一，把孩子当作一种"耐用消费品"抑或"商品"，生育行为异化，把人的生产和商品物的生产混为一谈。对此，马克思在《资本论》(第一卷)等著作中早已做了深入的分析与批判，劳动异化、人格物化和人的异化是资本主义商品经济社会的特有现象。在社会主义制度下，人民当家作主，孩子是国家未来的主人翁和未来建设者，也是中华文明的传承者。因此，生育不仅是家庭的事，更是国家繁荣和民族兴旺的大事，人口生产与物质资料生产相协调，人口与资源、环境相协调，是社会主义人口规律的基本要求。

第二，把生育成本上升当作人们不婚不育的借口，对年轻夫妇的生育行为选择毒害很大。马克思主义认为，生育本质上是一种社会行为，受生产方式决定。过分夸大生育成本对生育的影响，就会忘记生育的主体性、社会性和责任心，进而形成以个人主义为中心，过度追求个人享乐、自由，仅把生育当作经济负担和个人私事，是生育率持续低迷的重要诱因，国家的三孩政策和长期人口均衡发展目标将难以落实。2020 年全国第七次人口普查数据显示，我国的总和生育率（TFR）仅为 1.3‰，不仅远低于生育更替水平（2.1‰），甚至远低于一些欧美发达国家 1.6‰~1.8‰的水平，目前处于世界最低生育水平国家行列。2022 年，中国人口首次出现了罕见的负增长。因此，建设中国特色社会主义生育文化，自觉抵制西方资本主义腐朽生育文化，树立正确的婚育观，是时代赋予我们的重大责任。

第三，以人民为中心，发挥我国社会主义制度的独特优势，营造鼓励生育的制度环境。在发展社会主义市场经济进程中，生育成本上升是一个客观存在，若不及时系统治理，就可能陷入低生育陷阱。对此，党的二十大报告明确指出，"优化人口发展战略，建立生育支持政策体系，降低生育、养育、教育成本"。国家要制定人口长期发展战略，实施综合配套改革措施，从体制机制上让政府、社会、企业（单位）和家庭共同分摊生育成本，降低夫妇生育成本，提高社会生育率。建立健全生育扶助和奖励的政策和法律体系，在住房、体检、产假、升等晋级、所得税减免、免费入托入学等方面形成鼓励三孩生育的政策环境。同时，发挥中华优秀传统生育文化的作用，形成长辈和亲朋关心、邻里竞赛的生育光荣的社会氛围，例如，给生育三孩夫妇颁发"光荣证"。

10.4　结论

20 世纪 70 年代我国实施的计划生育政策与其后改革开放的市场化、工业化、城镇化和国际化进程的叠加效应，致使生育成本不断上升和生育率快速下降，妇女总和生育率（TFR）由 20 世纪 70 年代的 5.8‰，到 90 年代降至 2.0‰，从 2017 年的 1.88‰快速降至 2020 年的 1.30‰，2022 年更是进一步降至 1.08‰左右，成为世界最低生育率国家之一。欧洲等先期工业化、城市化完成的发达国家经验表明，鼓励生育的难度要远远大于控制生育的难度，人口转变之后，低生育率变为常态化。因此，综合施策，降低生育成本和提振生育水平是化解我国目前人口结构性难题的重要抓手。只要我们发挥党组织的战斗堡垒作用和人民群众的智慧，营造好以人民为中心的宽松生育环境，过低生育率难题就一定能得到有效缓解。

第 11 章　辩证看待中国生育政策转变

中国作为世界第一人口大国，新中国成立 70 多年来，在中国共产党的英明领导下，灵活运用马克思主义人口理论解决中国经济社会发展中的生育难题，生育政策经历了由鼓励生育到控制生育再到放宽生育的三次重大历史转变，实现了人口由数量型向质量型的重大转变，为经济社会快速发展赢得了时间和空间，受到了国际社会的广泛赞誉。中国生育政策嬗变和人口转型，无不闪耀着马克思主义人口理论中国化实践的灿烂光辉。

人类生育行为，受到经济基础、婚姻制度、生育观念、教育医疗、劳动就业、妇女地位和生育政策等众多因素的影响，涉及个人（家庭）利益和国家利益。生育政策是政府根据人口理论和本国人口增长态势而采取的系列措施，并随着本国人口发展变化做出适当调整，以期实现家庭生育目标和国家发展目标相协调。

中国共产党以马克思主义人口理论为指导，结合人口大国生育实际，综合制定生育政策，影响生育行为朝着两种生产协调发展的路径迈进，走出了一条中国特色社会主义人口发展道路，丰富了马克思主义人口理论。

新中国成立初期，中国农村人口占近九成，是一个以农民农业为主体的落后农业国，工业化水平很低，传统农耕文明下的早婚多育和男孩偏好生育观念影响很大。鸦片战争以来，一百多年的战乱和反帝反封建的民主革命，加之新中国成立后爆发的抗美援朝战争，人口伤亡较大，人口增长缓慢。新中国成立后，随着"一五"计划的顺利实施，特别是学习地广人稀的苏联老大哥经验，片面把人口增长当作社会主义人口规律，采取了鼓励生育的政策，如卫生部于 1952 年规定限制节育及人工流产，1953 年禁止进口与国家政策不符的避孕用具和药物，导致补偿性生育行为旺盛，形成了第一次（1950—1957 年）人口生育高峰，平均出生率高达 35.56‰，平均每年出生婴儿 2088.5 万。高生育率和快速的人口增长，带来了一系列经济社会问题，吃饭和发展的矛盾凸显。对此，党中央和毛泽东同志提出了节制生育的政策主张。中共中央、国务院于 1962 年 12 月 18 日发出了《关于认真提倡计划生育的指示》。1964 年，国务院设立国家计划生育委员会，各地也设立了相应机构，开展节育工作，但这项工作终因"文化大革命"开始而陷入停顿。受三年自然灾害影响和"文化大革命"冲击，盲目生育抬头，形成了第二次（1962—1971 年）人口生育高峰，平均出生率高达 32.32‰，平均每年出生婴儿 2795.2 万，比第一次出生高峰时期的平均数高出了 700 多万。1969 年，全国总人口突破 8 亿大关，妇女总和生育率高达 5.72‰。到 1971 年底，我国人口已达 85229 万人，是 1949 年新中国成立时（54167 万）的 1.573 倍。人口的盲目增长加剧了与经济社会发展之间的矛盾，出现了人口生产与物质资料生产不相适应的困局。

面对新中国成立以来高生育率和高人口增长率的严峻形势，党中央以马克思主义人口理论为指导，通过落实计划生育政策控制人口过快增长，践行两种生产按比例协调发展的规律。1971 年 7 月，国务院批转《关于做好计划生育工作的报告》，开启了计划生育时代，人口政策从城市率先施行，开展了以"晚、稀、少"为核心的计划生育工作，鼓励青年人晚婚、少育。1980 年 1 月，中共中央、国务院批转《关于 1980 年国民经济计划安排情况的报告》，指出："计划生育要采取立法的、行政的、经济的措施，鼓励只生一胎"，标志着"一胎化"生育政策正式启动。1982 年，中共十二大确立计划生育为基本国策。针对"一胎化"政策在执行中的矛盾和部分群众的困难，1984 年 4 月，中共中央在批转的《关于计划生育工作情况的汇报》中，适当放宽了限制，采取了区别对待的生育政策：对于以大中城市为主的城镇居民，一对夫妇只能生育一个孩子；先生育的是女孩的农村居民允许生第二个；少数民族可以生育 2~3 个孩子。这种辩证施策的结果，得到了广大群众的理解和支持，计划生育政策取得了显著成效：生育率降低了，人口增长放慢了。1997 年与 1970 年相比，人口出生率由 33.43‰下降到 16.57‰，下降 50.8%，妇女总和生育率由 5.81 下降到 2.0 左右。

同样作为世界人口大国的印度，政府早在 1951 年就开始推行计划生育项目，是世界上最早实行人口控制政策的国家，但其实施效果不佳，印度国家人口委员会承认，截至 2010 年国家人口控制计划已经接近于失败。中国自全面推行计划生育政策以来，累计少生 4 亿多人，这使得世界 60 亿人口日向后推迟了 4 年，比其他发展中的人口大国提前半个多世纪跨入低生育水平国家行列。低生育率和低人口增长，加快了我国经济发展步伐，提高了人民生活水平，2010 年中国 GDP 超过日本之后，稳居世界第二大经济体，站在了世界经济舞台的中央。

然而，长期执行的节制生育政策，产生了生育率偏低、老龄化加速和人口负增长等人口结构新问题。对此，党中央高度重视，审时度势地调整生育政策，2013 年以来，采取了逐步放宽生育政策的举措。2014 年 "单独二孩" 政策在全国推行，2016 年启动 "全面二孩" 政策，2021 年开始实施 "三孩" 政策，生育政策逐步放宽。2021 年 7 月 20 日，中共中央、国务院发布《关于优化生育政策促进人口长期均衡发展的决定》，标志着生育政策进入新时代。预计到 2025 年，积极生育支持政策体系基本建立，生育、养育、教育成本将会大幅降低，生育水平适当提高，出生人口性别比趋于正常，人口结构逐步优化，人口素质进一步提升；到 2035 年，促进人口长期均衡发展的政策法规体系更加完善，服务管理机制运转高效，生育水平更加适度，人口结构进一步改善。2022 年 8 月，国家卫生健康委、国家发展改革委等 17 部门联合发布《关于进一步完善和落实积极生育支持措施的指导意见》，推出 20 项具体措施落实生育支持政策，为推动实现适度生育水平、促进人口长期均衡发展提供有力支撑。党的二十大报告明确指出，优化人口发展战略，建立生育支持政策体系，降低生育、养育、教育成本。

新时代三孩生育政策的落实、出生率的回升和人口结构的改善是一项长期而艰巨的系统工程。我们坚信，有马克思主义人口理论指导，有中国共产党的英明领导，有社会主义制度的优越性，有政策体系的协同支持，有亿万生育主体特别是即将步入婚育阶段的有为青年的广泛积极参与，中国人口长期均衡发展的目标就一定能够实现！

第12章　从宋氏家庭移民透视明代
中叶陕西军户移民现象

赎马村宋家，古称宋家堡，现称宋家村，坐落在中华农都、苏武故里——陕西省武功县贞元镇，自明代中叶宋氏先祖——山西人宋肇晋移民建村于此，迄今繁衍21代人，越500年，是陕西省武功县的一个历史老村，现有居民562户，户籍人口2268人，其中，同宗宋姓人口占九成，现有耕地2370亩。

1963年4月修订的《宋氏族谱》"序"云："余祖姓宋氏，前辈口传，系山西大槐树下之人。明代某年，迁居至此。迁来始祖，有子三人。二人（子）又客居洋县。其后子孙繁衍，以有今日宋家村之名称。……明代至今，五百有余载。"序言共122个字，所记载的信息非常有限。其中，宋氏先祖究竟因何来此？移民的背景和真正原因不清楚；宋氏先祖到底什么时间来此定居？"明代某年"具体时间不详；"前辈口传"宋氏先祖系山西大槐树下之人，移民来源地是否真实可靠？明代宋氏移民武功与陕西大量的军屯移民有无关联？值得研究。

由于宋家堡微观村史的研究资料短缺，仅凭族谱有限信息使研究难以系统深入，因此，本文借助明代相关史料进行同期历史分析，依据明代弘治十五年状元康海（1475—1540年）所著《武功县志》（1519）的方志资料、数据进行背景描述和统计分析，同时，根据《宋氏族谱》代际回溯法确定宋氏先祖移民建村时间，以期确定宋氏确切的移民原因和定居时间，考察明代宋氏移民与陕西军屯移民之间的关系，还原历史真相，弥补微观移民史研究的不足，为其他姓氏移民史研究提供参考，为优秀家族文化传承和村庄振兴提供文化支持，建设传统文明与现代文明交相辉映的新村文化。

12.1　研究综述

移民是一种世界现象，古今中外有之。欧洲国家，很少有严格的户籍管理制度，在英文文献中，移民常以 Immigration（迁入移民、外来人口）、Migration（迁出移民、流出人口）、Resettlement（重新安置、重新定居、迁居）、Population mobility（人口流动）、Population movement（人口移动）等词汇，来描述一定数量和规模的人口在空间上或地理上的机械变动。

12.1.1　关于"移民"的定义

《大美百科全书》认为，"广义而言，人类的迁移是指个人或一群人穿越相当的距离而作的永久性移动。"《辞海》将其解释为："在一国内部，较大数量，有组织的人口迁移。"葛剑雄等著的《简明中国移民史》指出："我们对移民的界定是：具有一定数量、一定距离在迁入地居住了一定时间的迁移人口。"

12.1.2　移民相关理论

马克思指出，"在古代国家，在希腊和罗马，采取周期性地建立殖民地形式的强迫移民是社会制度的一个固定的环节。……也就是这种过剩人口对生产力的压力……过剩人口就不得不进行那种为古代和现代欧洲各民族的形成奠定基础的、充满危险的大迁徙。""在每一个人均应占有若干亩土地的地方，人口的增长就给这样做造成了障碍。要想消除这种障碍，就得实行移民。"

列宁认为，"如果个别地方现有土地不能满足当地全体居民需要时，过剩人口应迁往他处。移民的组织和费用以及农具供应等等概由国家负责。移民应按下列次序办理：首先是自愿迁移的无地农民，其次是品行不良的村社社员、逃兵等等，最后，才采取抽签或协商的办法。"

二十世纪五六十年代，西方最为流行的"推—拉"理论认为，迁出地向迁入地的人口流动，是迁出地的推力与迁入地的拉力相互作用的结果。

文献研究是中国移民史研究的主要手段，其来源包括官方史籍的记载、其他古籍中的记载、家（族）谱、地方志等。中国历史上，移民运动从北到南，从东向西，由平原向丘陵、山地，几千年流动不息，其背后所反映的正是"人"与"地"之间的系统交流，移民运动的必然结果，就是导致人口和资源的重新组合。在中国移民史上人数最多的是两类移民：一是统治者运用官方的权力和财力加以引导、组织或者强制推行的，以及在社会的或自然的外力压迫下大规模爆发的；二是下层民众为了逃避天灾人祸，维持生存，追求温饱而自发进行的。

12.1.3　明代移民的重点区域

明代山东省是国内最大的移民接纳区之一，移民来自山西、河南、江苏、河北、东北等多个地区。豫北地区移民在明代移民史上具有重要位置。移民类型及其来源，主要有政府组织的移民、地方招抚的移民、军户、藩封移民以及任官、谋生、工商等其他自主移民类型，这些移民的来源既有来自山西的，也有来自山东、陕西、南、北直隶等周边省份的。明代初期，政府组织的大规模移民的战略重点是"实畿辅"和"徙宽乡"，移民空间分布特征是"山西之民大抵移于河南、河北，江南之民移淮南，山东东之民移山东西。"

12.1.4　明代边陲地区特殊的军卫移民

明初，政府从人口密度较高的地区向外迁民，加上出于国防需要在战略要地设置卫所进行的移民屯垦。军卫人口迁入，是人口迁移的重要表现形式。明代山西都司和行都司是抵御旧元的前沿阵地，明廷在此设立卫所数量较多，终明一代在山西行都司下设立的卫所共有 28 卫、3 护卫和 11 个千户所。明代的陕西地处西北边陲，也是明政府的边防重点，设立的卫所数量众多，总兵力 20 余万人。与"洪洞大槐树移民"的研究热度相比，同样构成明代山西移民的"军卫移民"则逊色不少。

12.1.5 军户经济负担沉重

明代的军户在全国户口中占有很大的比例。在山西、陕西、北直隶往往是两三户中就有一家军户,更大者是军民户各占一半,或者是军多于民。军户在经济上的负担非常沉重,一军赴卫,户下供给军装和盘费;路费与路程成正比,军丁赴千里以外卫所,"而下产半废矣";"二千里之外,而下产尽废矣";"三千里之外,而中产亦半废矣"(《明经世文编》卷332)。军丁赴卫,必须携妻子同行,以防逃跑。宣德年间,陕西就出现了军户"全家逃窜"的现象;各地军户应继壮丁畏怕当军,故意伤残肢体,脱避差役(《明实录宪宗实录》卷43)。明代的卫所制度,在宣德之后逐渐衰弱,于是,明政府便在正统二年六月开始在陕西招募民兵,加强边防的军事实力。明代中期,民兵在北边的防御工作中起了很大的作用,其中尤以陕西的民兵战斗力最强。

12.1.6 明中期赋役加重产生大量流民

历史上因不堪沉重赋役和自然灾害挤压,而形成流民或逃民。早在宣德年间,北方的流民队伍已逐渐形成。弘治十五年(1502)马广升奏说,"窃照汉中府地方广阔,延袤千里,人民数少,出产甚多,其河南、山西、山东、四川并陕西所属八府人民,或因逃避粮差,或因畏当军匠,及因本处地方荒旱,俱各逃往汉中府地方金州等处居住。彼处地土可耕,柴草甚便,既不纳粮,又不当差,所以人乐居此,不肯还乡。目今各处流民,在彼不下十万以上。"

12.1.7 马列主义关于古代移民理论的指导意义

马克思、列宁对古代社会移民的有关论述,对我们认识明代以及中国整个封建社会移民问题有重大指导意义。(1)土地是古代社会人民赖以生存和发展的基本生产资料,土地占有关系的变化,决定和影响着经济周期、政治周期和人口分布的变化。(2)古代希腊、罗马周期性地强迫移民是社会制度的一个固定环节。中国封建社会发展史上有一个特别现象，即农民起义和封建内战频仍，经常形成全国性的社会波动。这些波动多出现于主要朝代末期，与社会稳定相交替，具有明显的周期性。中国封建社会在一般情况下每隔 200 年左右就会发生大规模社会波动和王朝更替，改朝换代后，伴随着大量人口死亡、逃亡，人口分布畸形，新王朝不得不进行强制性的大规模、大范围的移民行动。(3) 欧洲古代与耕地相比所形成的过剩人口压迫生产力，迫使过剩人口冒险大迁徙。中国封建王朝的中期，人口增长过快对耕地形成压力，常常出现人多地少和生存危机现象，过剩人口不得不冒险由"狭乡"（亦称"窄乡"，指人多地少地区）迁往"宽乡"（指人稀田广地区）；在封建王朝后期，因地主贵族土地兼并严重，大批农民失去土地，形成大量流民，最终引发农民起义和改朝换代。(4) 当欧洲人口增长超过人均土地红线时，部分农民就得移民他乡，寻求新的人地平衡。我国历史上多次发生的移民潮、流民潮，形成新的人口分布与族群融合、民族融合和文化融合，实现人口与土地新的平衡。(5) 沙俄时代的移民由政府组织并资助，移民办理有次序。我国明代初期到中期的农村移民、军户移民和流民安置，几乎都与明政府的组织和支持政策有关。

有关中国明代移民的成果很多，但有关明代陕西军卫移民的著述很少，而明代关中地区相关的村域移民的微观研究则更少，一般散见于相关研究的案例分析之中。中国明代移民问题研究涉及面广，既有移民理论和研究方法问题，也有移民方式问题（自愿性或强迫性），还有制度政策问题，且涉及历史学、人口学、地理学、社会学和文化学等多学科交叉。

从笔者所涉猎的正史资料来看，明代初期山西大槐树移民的主要去向并不在关中地区。明代陕西作为西北边陲重地，卫所及其驻军众多，政府鼓励部分驻军就地为农成为垦殖军户，因而，军卫垦殖及其落户构成了陕西乃至全国一支特殊的移民大军，对此，学术界研究很少。初步考据证明，军卫移民从明代初期一直持续到明代中期，宋氏先祖应该是以军卫移民的身份于明代中叶定居武功县的，此探究结论和《宋氏族谱》中"前辈口传"的山西大槐树移民有些许差异。

12.2　明初移民政策及山西移民主要分布

我国自春秋战国商鞅变法以来，长期实行严格的户籍管理制度，"编户齐民"成为国家赋税和丁役的主要依据。一般在和平与无重大自然灾害时期，严禁人口迁移，严禁流民存在，形成老子笔下的所谓"鸡犬之声相闻，民至老死不相往来"的良民社会。如明代初年政府实施的"黄册"和"鱼鳞图册"就是典型依据。

然而，封建时代的暴政、苛捐杂税、土地兼并、繁重的徭役军役与严重的自然灾害相伴相生，往往导致农民起义、战乱频发、改朝换代和大量人口死亡、逃亡，形成封建政权更替周期率。因此，每个封建新生政权建立之初，或者重大自然灾害（大旱、大涝、蝗灾、大地震、瘟疫）之后，几乎都存在着人口大规模的迁移行为，以寻求人口与经济新的平衡以及政权稳定。

12.2.1　明代初年移民的战略重点

六朝（222—589 年）以后，北方战乱，北人南迁，南方渐盛。自五代（907—960 年）中原乱离，北方沦为战墟，北人再度大规模南迁。到元代，北方户口仅及南方九分之一。据统计，在元代后期，流民人数高达全国人口的三分之一以上。经过元末战乱，山东、河南竟"多是无人之地"（《日知录》卷 1）。从开封到河北，"道路皆榛塞，人烟断绝"（《洪武实录》卷 29）。因此，明代建国初年，面对全国人口与土地严重失衡状态，随之掀起了规模大、时间长的移民迁徙浪潮。

明代初年移民的重点是"实畿辅"（应天、凤阳、顺天）和"徙宽乡"（明初包括畿辅地区、河南、河北、淮南、山东西部等），而江南、湖广、山西、山东东部则是狭乡，狭乡以江南为最，人稠地少。"山西之民大抵移于河南、河北，江南之民移淮南，山东东之民移山东西"。据《简明中国移民史》记载，明代初年，长江流域移民 700 万，华北地区移民 490 万，西北、东北和西南边疆也有 150 万，合计 1340 万，几乎占到当时全国总人口的两成。

12.2.2　明代初年山西移民的主要去向

元末明初，山西南部因山河险阻聚集大量人口，自然成为明政府迁出移民的重地。文献记载的洪洞"大槐树"移民共有 18 次，自洪武六年起，至永乐十五年止，向全国移民持续时间长，覆盖范围广，外迁人口 100 万之多，形成历史上著名的"洪洞大槐树移民"现象，"洪洞大槐树"似乎代表了全国移民的符号，就连我们所研究的宋氏先祖"相传"也是"山西大槐树下之人"。

从官方史料来看，是否存在山西移民于关中的现象呢？

明代初年，官方记录的山西移民主要去向有：

（1）洪武四年三月，徙山后（注：山后指山西中条山后地域，包括今晋城、临汾、运城 3 个地级市）民万七千户屯北平。

（2）洪武九年十一月，徙山西及真定民无产者于凤阳屯田。

（3）洪武二十一年，后屡徙……山西民于……北平。

（4）洪武二十一年八月，徙泽、潞民无业者垦河南、河北田，赐钞，备农具。

（5）洪武二十二年十月，上以山西地狭民稠，下令许其民分丁于北平、山东、河南旷土耕种……。

（6）洪武三十五年九月，徙山西无田民实北平，赐之钞，复五年。

（7）永乐二年九月，徙山西民万户实北平。

（8）明成祖三年九月，徙山西万户民实北京（明《纪》）。

可见，明初山西移民的主要目的地是河南、河北、北京、凤阳、山东，并未找到移民陕西关中的官方记录。

12.2.3　明代初年陕西移民主要的官方记录

明政府诏令与陕西移民相关的记录有：

（1）洪武九年（1376），明太祖下令："迁山西汾、平、泽、潞之民于河西，任土垦田，世业其家"（乾隆《绥德州直隶州志》卷 3）。此次山西移民主要被安置在今陕北一带。

（2）洪武十三年（1380），诏陕西、河南、山东、北平、凤阳、淮安、扬州、庐州府，民间田土，许民尽力开垦，有司毋得起科（明《续通考》）。

这条诏令说明，明初陕西也属于宽乡，地阔人稀，是吸纳移民垦殖的省份之一，但为何没有山西大槐树移民关中的官方记录呢？可能的解释是：首先，一河之隔的关中地区与"狭乡"晋南地区的生产、生活、语言及风俗习惯基本一致，明初洪洞大槐树周边的农民，自发组织移民于关中"宽乡"的民间力量大、数量多；其次，关中地区不是明政府移民优惠政策照顾的重点区域。故而，官方正史记录很少。

（3）永乐元年（1403），令选浙江、江西、湖广、福建、四川、广东、广西、陕西、河南及直隶……等府无田粮，并有田粮不及五石殷实大户充北京富户，附顺天府籍，优免差役五年（《明会典》）。洪武十三年陕西尚属于宽乡，怎么时隔二十年就变成向北京移民的狭乡？这其实是明政府令陕西及多地殷实大户实畿辅政策的延续，以防富户舍本逐末求利伤蚀国本。

（4）明宣德二年（1427），宣宗"命陕西、四川流徙迁徙罪囚，发汉中沔县为民"（《明宣德实录》卷16）。沔县即今陕西汉中勉县。这一批迁入勉县的人口，全部为陕西及四川各地的罪犯，人数不会太多。

明初移民主要集中在洪武、永乐两朝的近50年间。在明代，关中地区主要是人口迁出地区，而陕南、陕北则是重要的人口迁入地区。"太祖时徙民最多。……成祖核太原、平阳、泽、潞、辽、沁、汾丁多田少及无田之家，分其丁口以实北平。自是以后，移徙者鲜矣"（《明史·食货志》）。然而，据《宋氏族谱》和代际推算，宋氏先祖是明代中叶落户陕西武功县的，与明初山西大槐树移民相差半个多世纪，明初政府诏令移民的政策早已结束，即使想私自移入武功这类平原县，也无法获得耕地等生产资料，何以安身?! 因此，宋氏先祖系明初山西大槐树移民之说不能成立。

12.3 明代正德年武功县军屯移民分析

《中国移民史要》是民国以来研究中国历史上移民问题非常权威的一部著

作，关于明代初年全国移民的政策、做法和结论，该书总结得非常细致，但唯独缺少对军屯移民，特别是对陕西边陲地区军屯移民独特性的考察，致使山西洪洞大槐树移民在民间长期被披上神秘的面纱。

12.3.1　明初以降陕西军屯移民的特殊性

明代的陕西地处西北边陲，陕西布政司管辖着今陕西、甘肃、宁夏、青海等广袤地区，统8府21属州95属县，是防御西北地区外族入侵中原的前沿疆域，因而，明政府把边防重点放在陕西等边防前沿。为防范边外鞑靼族和北部俺答汗蒙古族侵扰中原，明政府沿长城一线设9边镇，驻军把守，其中4镇在陕西，驻兵20多万人（含马匹10万多匹），所需军饷粮草全赖陕西传输。

由于庞大驻军的人马消耗粮草等战略物资过多，而陕西及西北地区人烟稀少，地旷路遥，粮草等战略物资的供应和运输，仅靠陕西农民有限的赋役，是无法满足驻军庞大需求的。于是，明太祖果断采取了军屯、民屯和商屯（"食盐开中"）等政策相互配合，陕西实行的主要是军屯，很快便解决了粮草供给问题，稳定了陕西边防和新生政权。

明初实施的军屯制度，就是通过政府向驻守边陲卫所的军卫无偿提供土地、种子、耕牛、农具和资金等，鼓励部分军人及其家属就地落户为农，成为军户，广泛耕种土地，扩大粮草供给，满足军需民用。

明初以来，陕西进行了大规模的移民屯田，其中以军屯规模最大。明太祖洪武四年（1371），下令在陕西开展军屯，规定陕西屯军五丁抽一去搞屯种，税粮照田例，又规定屯军种田500亩者，岁仅纳粮50石（明《续文献统考》）。洪武二十六年，陕西都司及所属卫所的屯田面积共有29444顷（《明史·食货志》）；到嘉靖初年（1522），陕西共有屯田军卫159544户，352000余人，屯地12305顷，收屯粮96632石，屯草859000余束，军屯面积全国第一，屯田遍及关中和陕南、陕北各军卫所在府州，对解决明政府的军需民食，起了很大作用。洪武十九年（1386），陕西都司辖24卫，其中在今陕西境内就有10卫，仅西安府就下辖左、右、前、后4卫；在陕西屯田的卫所士兵有不少来自本境，但也有相当部分来自外省。武功县当时归西安府管辖，驻军当属右卫。

距武功县宋家村北 2 公里的伊家村的先祖伊哲，就是来自直隶凤阳驻守武功县凤阳坡军营的一名参事，于洪武十年（1378）响应政府号召，就地垦殖落户为农，成为关中地区军卫移民的典型。伊哲所落户的伊家村，距北边凤阳坡驻军营地不到 2 公里。现在的武功县贞元镇凤阳坡村，就是因明初凤阳军队驻守当地而得名，村名具有历史厚重感。

陕西落实军屯制度产生了积极效果：第一，大大减轻了农民税粮负担，便于明朝新生政权的稳定；第二，减少了粮草长途运输成本与耗损，减轻了徭役和政府支出负担；第三，通过军卫移民充实了当地人口，实现了人地平衡和经济增长；第四，外来军户与当地住户的交融共生，实现了文化融合与社会繁荣。明代的军屯制度，其实就是战国以来农战制度和西汉边疆军屯制度的延续，1949 年新中国成立之后的新疆生产建设兵团也是如此，平时为农，战时为兵，兵民结合，稳固边防。

12.3.2　至明代中叶武功县军屯移民比重大

全国性、区域性及省际移民史即宏观移民史的研究，尚有丰富史料佐证，而县域、村域的微观移民史研究，常因史料匮乏而难以进行，存在着研究盲区。好在武功县明代中期正德年状元康海先贤著有《武功县志》，县志的写作时间与宋氏先祖移民定居于武功县的时间高度契合，这就为我们研究武功县宋家村史、移民史提供了弥足珍贵的资料。

明代沿袭元代户籍管理制度，将人户分为民户、军户、匠户三等。匠籍、军籍比一般民户地位低，不得应试，并要世代承袭。根据康海《武功县志》第二卷第四篇《田赋志》记载：正德七年（1512）武功县有田地 1862 顷 34 亩 5 分 7 厘；总户数 1978 户，总人口 27431 人；其中，民户 977 户，军户 919 户，匠户 33 户，名尉力士户 5 户，厨户 1 户，打捕、阴阳、医户各 2 户，乐户 9 户。

康海《武功县志》的撰写和刊印年代（1519），与宋氏先祖落户和生产、生活于武功县宋家村的时间大体重合，因而，根据县志所计算的相关数据，可以直接静态地反映包括宋家村在内的武功县农村基本的经济社会状况。

1. 武功县户均人口 14 人

封建时代人口以传统大家庭形式存在，便于家庭内部分工和生产协作，男耕女织，自给自足。但根据县志所计算出的户均人口数，明显偏高。根据《陕西粮食史志资料汇编》数据计算，嘉靖初年（1522），陕西军户户均 2.34 人，即不足 3 人。

2. 武功县户均田地 0.94 顷，即 94 亩，人均 6.71 亩

根据《陕西粮食史志资料汇编》数据计算，嘉靖初年（1522），陕西军户户均屯田 0.81 顷（即 81 亩），军户人均 9 亩。两者数据虽有差异，但能相互补充、印证。

3. 武功县住户结构以务农为主

务农为业的民户、军户占县域总户数的绝对优势，占比高达 95.85%，而其他非农行业户数仅占 4.15%，属于典型的传统农业社会。

4. 武功县军户比重高

军户占全县总户数的 46.46%，几乎与民户相当，表明从明代初期实施军屯制度至明代中叶正德七年，军卫在武功县转为军屯垦殖定居的户数大幅增加，产生了军屯垦殖新的移民方式，实现了移民安邦充实边防地区的国家战略，与明政府的边防省份军屯垦殖诏令落实完全相符。

5. 军户兵役负担沉重

明初编制的军户仍未废除，到明代中叶，军户依然照旧出军丁赴卫所服役，实际上在农村中就形成了双重的兵役，既要出军丁，又要征调民兵。嘉靖中期以后，虽实行了民兵纳银制，但一些沿边及交通要冲地区，仍要金派民兵，轮流戍守府、州、县的城防，像这样的地方，可以说推行的是三重兵役制，既出军丁，又要征派兵，还要负担民兵银两。

武功县地处关中平原中部，土地肥沃，南依渭水，内有漆水等河流，灌溉便利，自古农业发达，是后稷教民稼穑的圣地和中华农耕文明的重要发祥地之一。宋氏先祖于明代中叶以军卫或军籍继承人的身份在此扎根，成为众

多垦殖军户中的成员和宋家立户建村第一人。但宋氏先祖家庭作为军户，地位低于民户，除交粮纳赋外，还要承受兵役繁重之苦。

12.4 宋氏先祖移民成因再考

历史上的名望大族，凭借其文化优势、经济优势、社会影响和家族文化传承等，其族谱或家谱一般都会留下详细的历史演变文字记录，如孔子家族，而广大的平民百姓家族，受文化限制等困扰，族谱很难留下详细的文字记录，能留下代际传承谱系已实属万幸。关于明代宋氏先祖移民的成因，就有多种说法。

12.4.1 宋氏先祖移民武功县的因由再考

《宋氏族谱》云："前辈口传，宋氏先祖系山西大槐树下之人。"那么，宋氏先祖由晋入陕的成因到底是什么呢？试从以下几种说法中再行辨识。

1. 明初山西大槐树移民说

元末明初的封建政权更替，长期战乱使得关中人口大量死亡或逃亡，肥沃土地缺少农民耕种，明政府便从人口富集的洪洞大槐树处办理移民陕西事宜，宋氏先祖便成为移民关中的成员，似乎与族谱记载一致。

2. 关中大地震后移民说

明嘉靖三十四年（1556）关中大地震，死亡83万人，致使关中地区人烟稀少，大量土地闲置，直接影响明政府征粮和财政收入，于是，明政府鼓励山西、河南等邻省移民入关中。

3. 水土饶益吸引说

关中平原水足田肥，沃野千里，号称陆海，天府之国，秦汉至明清，关中平原一直拥有全国最肥沃土壤的美誉，土地产量高，自然吸引着宋氏先祖由晋入陕。

4. 流民逃难说

宋氏先祖移居武功，可能与山西原籍无地、失地或少地、受灾或赋役繁重等因素有关，便流落到武功县宋家村落户、繁衍。

5. 亲朋示范说

元末明初移民关中的山西籍人已有的良好生产、生活状况以及亲朋好友引荐，也可能是宋氏先祖迁移来陕的重要诱因。

6. 军卫军屯说

陕西作为西北边陲重地，史载到明代中叶嘉靖年间，陕西的军屯人数全国第一，武功县的军户占比近半数，反映了明政府军屯移民安邦战略取得了成功。军屯的过程，就是关隘驻军的部分军人就地移民定居的过程。明代陕西的军屯持续时间长，宋氏先祖可能就是明代中叶驻守武功县或附近军营（卫所）的一名军卫，或者是一名山西籍的军籍继承人，响应政府号召，就地军屯于武功县垦殖定居下来，类似于伊家先祖的定居模式。

六种说法似乎各有道理，但历史不能选择，只存在唯一性。

《伊氏族谱》的清晰记录，为厘清宋氏先祖移民成因和时间提供了重要参照。根据 2019 年新修订的《伊氏族谱》可知，伊家村先祖伊哲，金陵人，是明洪武十年（1378）驻军武功县贞元镇凤阳坡军营的一名参事，后响应政府号召，就地垦殖于伊家，成为伊家建村立户第一人，迄今共有 26 代人，建村 600 多年，现有居民 330 户，1255 人，伊氏人口占八成。

1963 年重新修订的《宋氏族谱》记载，自先祖宋肇晋从山西大槐树移民至陕西武功县宋家村 500 余年，共 18 代人。至今过去了 60 年，应加上 3 代人，现（实际）有 21 代人，与伊家 26 代人比相差 5 代人。由此证明，伊家建村早于宋家建村五代人约 125 年（每代人按 25 年计算）。据此推算，伊氏先祖伊哲定居伊家是洪武十年即 1378 年以后，加 125 年，则宋氏先祖宋肇晋移民定居武功县宋家村的时间为明代中叶的弘治十六年即公元 1503 年前后，距明初洪武、永乐年间的山西洪洞大槐树移民晚了半个多世纪。因此，宋氏先祖系明初山西大槐树移民之说不能成立。

然而，仍有三个困惑问题值得讨论。

一是大地震后的移民困惑。华县大地震同样严重地波及到离震中很近的晋南地区，该地区人口同样大减，从山西洪洞县大槐树再次移民关中，理论上和事实上都不合逻辑。若此，宋氏先祖移民定居武功宋家所述的第二条途径不可能，第三至第五条亦可以排除，只有第六条途径——军卫屯垦移民的可信度最高。

二是宋氏先祖三个儿子诞生地困惑。是宋肇晋从山西带过来的军垦军属？还是在山西籍军卫落户宋家村以后所生？两种可能性均存在。若是军户，为何族谱记载先祖来自山西大槐树？若是祖籍来自山西大槐树附近地区的军人或者军籍继承人，则能完全解释清楚。

三是宋氏先祖两个儿子冒险再迁困惑。农业社会父（母）子骨肉分离是最痛苦的一件事，那么，为何宋氏家庭落户武功县大约二十年光景，其两个儿子又要迁往汉中洋县？地少不够种？因家庭纠纷（父子失和、兄弟妯娌不和）或对外纠纷所致？等等，谜团重重。

12.4.2　宋氏家庭两个儿子被迫迁移的原因分析

据《宋氏族谱》记载，宋氏先祖宋肇晋以军卫移民身份定居于富庶的武功县宋家村，时过不久，其两个儿子又迁移去了陕南洋县，骨肉分离，令人百思不得其解。细读康海《武功县志·田赋志》和《陕西粮食史志资料汇编》等资料，两兄弟迁往洋县定居的原因豁然开朗。

一是武功县当时的田赋、丁赋太高。明代中叶，政府腐败，土地兼并盛行，农民赋役苛重，导致民不聊生，民怨四起，居民外迁外逃成风。例如根据《武功县志》数据计算，宋氏家庭在弘治、正德年间，每年全家需要缴纳的赋税，包括粮食 1306 斤；棉布 2.72 丈；丝锦重 1 两 2 钱，折收商税 4.75 贯；丁赋包括食盐钞 39.06 贯。

二是旱疫饥荒加剧了人口迁移。明成化二十二年（1486）陕西大饥，武功民王瑾杀宿客而食之；正德十六年（1521）六月，陕西诸郡大旱疫，此时间节点与宋氏家庭两个儿子外迁陕南洋县的时间高度契合。

三是陕南地广人稀适于生产生活。汉中盆地的气候温润、雨水充沛，农业生产的自然条件优越。秦巴山地辽阔，"其地肥美，不须加粪，往往种一收百"。况且，在此耕种"既不纳粮，又不当差，所以人乐居此，不肯还乡。"

四是军户的兵役负担沉重。宋氏家庭作为军户，按政府规定，既要出军丁，又要征派民兵，还要负担民兵银两。随着长子宋英、次子宋廉两兄弟陆续长大成丁，家庭的兵役负担势必加重，两个儿子外逃异乡似乎在冥冥之中早已注定。

五是宋氏家庭两个儿子与乡邻军户子弟结伴外逃。严重的赋役、兵役之苦，不仅残酷地折磨着宋氏一个军户家庭，而且同样危害着武功县及其他地方众多军户家庭的生存。于是，大量军户家庭的丁口被迫结伙外逃迁徙，成为流民。武功县到洋县，500 多华里，沿着傥骆古道，山高路远，结伴负重而行，可以共同抵御路途风险和移居风险。

明朝政府因惧怕流民进山造反难剿，一直采取禁止流民进入秦巴山区垦殖的政策。如洪武诏令"禁隔山场，民不许入""凡窃取者，以律问罪，乃枷号三月以示众"（《明宪宗成化实录》卷 50）。明代中期以来，由于服役繁重、自然灾害频繁，陕西的流民数量日益增多，关中地区人口纷纷流入陕南。明代人赵锦写道："赋繁役重，而力不能支，则其势不容于不逃。逃亡既多，而赋役无所于出，则官府不得不责之于见（现）户。故一里之中二户在逃，则八户代偿。八户之中复逃二户，则六户赔纳。赔纳既多，则逃亡亦重。逃亡亦重，则赔纳愈多"（《明经世文编》卷 340）。

尽管明朝政府采取严格法令封山拒民，但事实上难以阻止饥寒交迫的流民进入秦巴山区的求生本能。历史上流民形成的主要诱因就是躲避高额赋税、沉重兵役和重大自然灾害，若能自行闯入山高路远的汉中盆地并定居垦殖者，当然就可以规避政府的苛捐杂税，加之汉中平原地肥水沛，通过辛勤劳动，是可以过上比较宽裕的生活的。

于是，两难的家庭会议最终决定让有劳动能力的长子宋英、次子宋廉两兄弟冒险离开赋役兵役过重和旱灾肆虐的武功县，过渭河，翻秦岭，蹚山水，长途跋涉，终于找到理想目的地，定居耕耘于汉中洋县，但却承受着骨肉分离的痛苦。由此可以推定，宋氏先祖的两个儿子迁居汉中洋县的时间大约在宋氏先祖定居武功后的 20 年左右，即关中大旱灾的 1521 年前后。因当时三儿子宋兴尚小，未成年（丁），不具备在外闯荡的能力，只好留在父母身边；再者，若无特殊情况，传统农民家庭的父母是不会让长子外出闯荡的。

12.5　结论

明代中叶，武功县宋氏军户家庭父子两代人的移民血泪史，是当时陕西众多军户家庭移民史的一个缩影，西北地区驻军垦殖就地移民的历史意义重大。

第一，马克思主义移民理论为研究明代微观移民问题提供了科学指引。封建统治者维持人地平衡是其政权稳定的经济基础，强迫移民是社会制度的一个固定环节，苛重赋役代表着地主阶级对农民阶级的残酷剥削和压迫。宋氏家庭父子两代人的血泪移民史，不仅具有明代初期"人口压迫生产力"的"窄乡"徙"宽乡"的全国性强迫移民痕迹，而且存在着明代中叶"政治压迫生产力"的陕西大量军户被迫成为流民外迁的史实。

第二，宋氏先祖是山西籍驻守武功县或者附近军营的一名军士或者一名军籍继承人。明代陕西作为西北边陲重地，地广人稀，驻军众多，军卫就地垦殖对于缓解粮草等大宗物资供应的国防战略意义极其重大，随之便产生了大量的军卫垦殖移民，这种现象从明初一直持续到明中后期。宋氏先祖宋肇晋，明代弘治十六年（1503）前后响应政府军垦号召，就地在武功县定居务农，成为垦殖军户，成为立户建村第一人，与明朝政府的陕西边防地区军卫就地垦殖移民政策高度吻合。

第三，明代中叶陕西军户的赋税和兵役负担沉重不堪。明代中叶，政治腐败，土地兼并严重，宋氏小农家庭的田赋丁赋势必加重；宋氏家庭作为军户，随着两个儿子陆续成丁，兵役负担最终成为压垮家庭的绞索，加之正德十六年（1521 年）陕西诸郡大旱疫肆虐，宋氏两兄弟不得不和县域其他军户子弟一道，被迫成为流民大军，向山高路远和地旷人稀的陕南汉中洋县大迁徙，躲避残酷的赋役之苦。

第四，明代陕西庞大的军户移民为政权稳定、农业发展和社会繁荣起到了积极作用。明代陕西、山西等边陲地区存在着庞大的军户移民，是明代移民的重要组成部分，但著述研究成果不多，亟待加强。明代的军户垦殖移民，担负着驻军防卫、种地自养和军户移民三重功效，历史意义巨大。

第13章 明代正德年武功县宋氏军户农民家庭生产结构与赋役构成的微观解析

  2023 年 6 月 2 日，习近平总书记在北京出席文化传承发展座谈会并发表重要讲话，强调中国优秀传统文化传承与创新的重要性，指出要"坚定文化自信，建设中华民族现代文明"。家族史是中华文明史的微观基础和有机组成部分。家庭生计是考察社会经济的基础，……近代家庭生计与家产继承状况不仅影响家庭形态的变动，而且在一定程度上反映民众的生活水平，但从整体来看，近二十年这类研究成果较少。本文以明代中叶陕西省武功县宋氏军户农民家庭的生产结构和赋役结构为研究对象，以《宋氏族谱》和《武功县志》等史志为依据，参考同期历史资料，力图勾勒出明代正德年间武功县宋氏军户农民家庭微观的农业生产结构和赋役构成框架，以便了解宋氏先民们辛苦的耕耘史、赋役史和自强不息的奋斗史。在此，非常感谢《伊氏族谱》对本文探讨提供了重要参考价值。根据伊氏先祖定居落户时间及其繁衍 26 代人的信息，以及与《宋氏家谱》现有 21 代人的比照，我们做出了宋氏先祖定居武功县宋家村的时间大约为明弘治十六年即公元 1503 年的历史判断。此后，正处于明弘治十五年（1502）状元——康海（1475—1540 年，陕西省武功县人）编撰《武功县志》(1519 年刊印，清代乾隆年被《四库全书》收录)的年代，因此，《武功县志》所记载的人和事，就构成了宋氏农民家庭定居武功县之初的生产生活场景与行赋纳税的时代背景。在此，特别感谢康海先贤在《武功志》中留给世人的珍贵资料，本文正是在对《武功县志》相关数据充分挖掘的基础上形成的。

13.1 研究综述

13.1.1 马克思主义论封建社会的生产与赋税

封建统治者把人民的土地变为王室的私有财产。"就拿法兰克王国来说，在这里，胜利了的撒利法兰克人不仅完全占有了广大的罗马国有领地，而且完全占有了……公社的大片土地，特别是全部较大的森林地区。从一个普通的最高军事首长变成了真正君主的法兰克国王的第一件事，便是把这种人民的财产变为王室的财产，从人民方面把它盗窃过来而以礼物或恩赐的方式分给他的扈从队"。"全民族中大多数被剥削群众——农民。……被当作牛马，甚至比牛马还不如。如果他是一个农奴，那么他就完全听从主人支配。如果他是一个依附农，那么契约规定的法定负担已经压得他透不过气了"。

农民成为有义务从事徭役或交纳产品地租的人。"在整个中世纪，大土地占有制是封建贵族借以获得代役租农民和徭役租农民的先决条件"。"全部剩余产品连同生长这个剩余产品的土地，都逐渐为国家官吏和私人所掠夺；原来的自由农民，有义务共同耕种这种土地的土地所有者，这样就变为有义务从事徭役或交纳产品地租的人，而公有地的掠夺者则变为不仅是被掠夺的公有地的所有者，并且也是农民自有土地的所有者"。

农民家庭几乎生产自己所需要的一切。"在封建制度繁荣时代，分工不大发达"。"在封建制度下，生产关系的基础是封建主占有生产资料和不完全地占有生产工作者——农奴，……铁的冶炼和加工更进一步的改善，铁犁和织布机的推广，耕作业、菜园、酿酒业和榨油业的继续发展，……这就是当时生产力状况的特征"。"农奴制的特点是：世世代代的停滞，劳动者的闭塞无知，劳动生产率很低"。"在中世纪的社会里，……农民家庭差不多生产了自己所需要的一切：食物、用具和衣服。只有当他们在满足自己的需要并向封建主缴纳实物租税以后还能生产更多的东西时，他们才开始生产商品"。

13.1.2 明代陕西军粮供输负担重

明代的陕西地处西北边陲，管辖着今陕、甘、青、宁的广袤地区。明政府沿长城一线设9边镇，其中4镇在陕西，总兵力20余万人，所需军饷粮草全赖陕西传输。

正统时，陕西岁供军粮1851400石（《明史》卷《年富传》）。弘治十五年，陕西输送军仓粮：夏税麦起运411116石，秋粮米起运720380石，合计1131496石（《全陕政要略·田赋》）。

宣德年，甘肃各卫所需军粮数字很大，如河州卫，每月用粮、料七千余石，主要依赖西安府供给（《宣宗实录》卷121）。至成化时，河西诸卫屯粮只能支三月，其余月份，全靠西安府民粮接济（《宪宗实录》卷43）。

明代运输军粮任务最艰巨的是陕西，主要是西安府、凤翔府，距凉州武威近千里，距河州、宁夏也有千余里，山路多而又崎岖，所以运费特高；陕西农民向边远地区输粮，往往"所费十倍于正赋"。

13.1.3 明代中叶农民租赋沉重

到明代中叶，土地已大量向地主贵族集中，"其田连阡陌，地尽膏腴，多夺民之田以为田也"（王邦直《陈愚衷以恤民穷以隆圣治事疏》，《明经世文编》卷251）。洪武二十六年全国税田总额为8577000多顷，到弘治十五年下降到4228000多顷，仅100多年时间，税田额减少了一半以上，政府的财政收入也相应减少。洪武二十四年政府所征收的夏秋两税米麦数为32278983石，嘉靖年间平均为22850535石（参见梁方仲《中国历代户口、田地、田赋统计》甲表51-61），税粮减少一半以上，与同期税田减少幅度一致。

弘治时侍讲学士王鏊说当时"出多入少，故王府久缺禄米，卫所缺月粮，各边缺军饷，各省缺俸廪（王鏊《震泽长语摘抄·食货》）。明政府财政开支却逐年增大，剥削加重，广大无地或少地的农民的租赋负担日益沉重。弘治时，仅田赋一项的征收项目，夏税增至20余种，秋粮增至10余种，不堪重负的百姓纷纷逃亡。"明土田之制，凡二等：曰官田，曰民田"；"军民商屯田等通谓之官田"，"其余为民田"（《明史·食货志》）。官田属于国家所有，其税额远高于民田。民田的私额止于一斗，而官田米有七斗者，甚至亩税有二、三石者（《明史》卷78）。

正德十四年（1519），进士何景明为《武功县志》作序道，武功县"地亩则由狭而广，口户则由寡而众；赋役则由省而兴，财费则由约而靡；其产业则由富而贫，地利则由饶而减；……吏治则由良而奸，……嗟乎！岂独一邑然哉。由此可以例诸四方矣。"

13.1.4　明代军户承受着经济和差役双重负担

明代的军户在全国户口中占有很大比例。在山西、陕西、北直隶往往是两三户中就一家军户，更大者是军民户各占一半，或者是军多于民，其中，陕西武功县是1∶1。军户的经济负担非常沉重，一军赴卫，户下供给军装和盘费，军丁赴千里以外卫所，"而下产半废矣"；"二千里之外，而下产尽废矣"；"三千里之外，而中产亦半废矣"（《明经世文编》卷332世贞《议处清军事宜以实营伍以苏民困疏》）。军丁赴卫，必须携妻子同行，以防逃跑，各地军户应继壮丁畏怕当军，故意伤残肢体，脱避差役（《宪宗实录》卷43）。

宣德之后的卫所制度逐渐衰弱，正统二年六月开始在陕西招募民兵，明代中期，民兵在北边的防御工作中起了很大的作用，其中尤以陕西的民兵战斗力最强。

明初编制的军户仍未废除，明中叶军户依然照旧出军丁赴卫所服役，实际上在农村中就形成了双重的兵役，既要出军丁，又要征调民兵。一些沿边及交通要冲地区，仍要佥派民兵，轮流戍守府、州、县的城防，像这样的地方，可以说推行的是三重兵役制，既出军丁，又要征派民兵，还要负担民兵银两。

综上所述，明代陕西作为西北边陲省份，边防任务重，驻军多，军械、粮布草等战略物资需求量大，全赖陕西自行解决，自然会加重粮棉主产区——关中农民家庭的赋役负担；随着土地兼并加剧，到明代中叶，关中农民家庭的赋役不断加码，军户的经济、差役负担更加沉重，形成流民潮。现有成果对上述问题做了一些富有成效的宏观历史分析，但从关中村史或农民家庭的微观角度研究的成果几近空白，本文通过对明代正德年间武功县宋氏家庭的生产结构和赋役构成进行微观解析，力图细致刻画当时农民家庭真实的经济生活图景。

尽管欧洲中世纪与中国封建社会的形式有所差别，但马克思主义所揭示的封建时代的本质特征是一致的，对本文研究有重大指导意义。(1) 通过军事夺权建立封建王权国家，土地等财产归王室所有，并按扈从（官员）地位进行分配（分封）；(2) 封建关系的基础是封建主占有生产资料和不完全地占有生产工作者——农奴（农民）；(3) 地主土地所有制是地主阶级借以获得农民赋役的先决条件；(4) 农民被当作牛马，听从封建统治阶级支配，交粮纳税服役，还得辛勤生产自己家庭所需要的一切。(5) 封建社会的主要矛盾是地主阶级和农民阶级的矛盾。

13.2 明中叶武功县暨宋氏农民家庭的农业生产结构分析

传统农业社会，同一区域的州县，因资源环境和生产条件相近，农民家庭的生产经营结构几乎趋同、固化。种粮为纲，务农为本，构成封建社会的经济基础。

从西汉汉文帝开始，实行屯田戍边政策，开创了我国古代屯田的历史，以后各朝代陆续效仿，并从边疆屯田发展到内地屯田。明代屯田可分为军屯、民屯、商屯三种，其中以军屯规模最大，陕西是明代军屯最发达的地区。洪武十九年（1386），陕西都司辖 24 卫，马步官军 127230 人，其中在今陕西境内有 10 卫，仅西安府就有左、右、前、后四卫。明代武功县归西安府乾州管辖，当地驻军当属右卫。

明代陕西作为西北边陲省份和政府边防重心，驻军多，兵马多，粮草等战略物资十分缺乏，加之陕西境内地广人稀，粮草供应困难。于是，明洪武四年（1371）下令在陕西开展军屯，规定屯军五丁抽一去搞屯种。军屯由卫所军户（士）耕种，规定每个军户（士）给田18亩到50亩，边地驻军三分成守七分屯种，内地驻军二分成守八分屯种，交纳的谷物供作军粮。为了鼓励军屯，除减轻屯田赋税外，还发给牛、种子、农具。如永乐三年（1405），明政府规定，陕西诸卫每百名屯田军士给牛40只，官给耕牛和种子者，还要交牛、种税。明初陕西屯田额42456.72顷，嘉靖年间达168404.04顷（岱黄等纂《钦定续文献通考》卷5《田赋志·屯田》），军屯面积位居全国第一。嘉靖二十年（1541），陕西都司所属"军卫户口"达150554户，352963口（嘉靖《陕西通志》卷33《民物一·户口》《全陕政要》卷1），军户家庭平均不足3人。

明代以来长期实行的招民垦殖、奖励农耕的系列休养生息政策，使陕西人口和耕地面积持续增加。人口从元末的44万人增加到洪武二十六年（1393）的180.6万人、万历六年（1578）的350.6万人，清代嘉庆年间的1197.6万人，耕地面积增加到清代嘉庆年间的25833886亩和光绪年间的30592953亩。到明万历年间，西安府粮食产量位列全国第四（《大明一统志》卷4）。

明初以来，伴随着移民垦殖、社会经济恢复和生育回升，武功县的人口与耕地面积也在不断增加。根据康海《武功县志》记载和计算：武功县的耕地面积，由洪武二十四年（1391）的1809顷1亩6分7厘，增加到正德七年（1512）的1862顷34亩5分7厘，增加了50多顷，增长2.69%；正德七年武功县有居民1978户，比洪武二十四年增加295户，增长14.91%；正德七年武功县有人口27431人，比洪武二十四年增加14741人，增长53.74%。从洪武二十四年到正德七年的121年间，武功县的耕地面积增长了2.69%，而人口却增长了53.74%，翻了一番，外来移民特别是军屯移民落户成为县域人口快速增长的重要因素。到正德七年，武功县军户占比高达46.46%。

可见，明代初期到中期，武功县的军屯垦殖移民落户者众多，并非民间讹传的移民大都来源于山西大槐树的传说，武功县许多住户及后来村落的形成，其实都与明政府陕西边防重地特殊的军屯移民落户政策息息相关，武功县宋家村的宋氏先祖是来自晋南地区的军卫垦殖移民之一。

依据吕卓民先生的"明代西北地区主要粮食作物的种植与地域分布"和崔振禄、李式嵘主编的《陕西粮食史志资料汇编》与明代康海的《武功县志》等文献,明代中叶以来,关中地区武功县暨宋氏农民家庭的经济结构分析如下。

1. 粮食作物

夏粮作物:小麦、大麦、青稞、豌豆、扁豆等;

秋粮作物:黍、稷、粱、荞麦及大豆、黑豆、小豆等。

2. 其他经济作物

第一,种桑养蚕。明初,为了劝课农桑,政府规定"天下农民,凡有田五亩至十亩者,栽桑麻木棉各半亩,……惰者有罚"(《大明会典》卷17)。

为了驱民农桑,政府又规定税收折实征收,即征收丝锦实物。于是,农民纷纷栽桑养蚕,缫丝织锦,纳调之后余者出售。

第二,种棉织布。洪武元年(1368)令天下"凡民田五亩至十亩者,栽桑麻木棉各半亩,十亩以上倍之,……不种麻及木棉,出麻布、棉布各一疋"(《明史·食货志》卷87)。为督民植棉,明政府实行棉布征实的税收政策。《万历会计录》记载,西安府所属36州县,征纳棉布的就达30个之多;万历六年(1577)派征陕西的棉花任务达17208斤(《万历会计录》卷9)。当然,种棉织布,除缴布纳税外,农民家庭自身需求量也很大,从而促进了农民家庭种棉、纺织、印染和服装裁缝等家庭手工业的发展,促进了耕织在家庭内部的紧密结合,刺激了纺织手工业的发展,培育出雇佣劳动和资本主义萌芽。

第三,种药纳赋。秦汉以来,陕西一直是全国中药材的主要产地,主要集中在秦巴山区。但在《武功县志》记载中,缴纳中药材是武功县征收丁赋的一项重要内容(见后详述)。这表明,与县域其他农家一样,宋氏农民家庭也曾种植过中药材,以供纳赋或自用防治疾病,如柏子仁、贝母、菖蒲、瓜蒌根、金银花。

武功县地肥物丰。物产五谷皆美种尔;瓜果蔬菜;亦嘉木,宜桑拓、榆、柳、椿、樗、桐、柏、楸、梓、白杨、竹;药称:芫花、小蓟、甘遂、地黄、半夏、香附、车前、益母、薄荷、乌兽等;畜(禽)亦有:狐、兔、鹳、鹊、鸠、隼、鹑、雁、燕、雀。武功县"地东南大，宜木锦桑，蚕织之业广焉……物丰于所聚，利竭于所产"。

上述史料表明，明代中叶以来，宋氏农民家庭在土地上不仅要种植粮食作物（主业），还要种植棉花、中药材、桑树等经济作物（副业），也要从事纺纱织布和缫丝织锦等手工业，属于典型的农业与手工业结合的小农经济。

然而，明代中叶，政治腐败，土地兼并恶性发展，地主、官僚占有大量土地，土地高度集中，广大农民失去土地，从而爆发大规模农民起义。按照前面分析，宋氏先祖以军户定居，依照明政府奖励50亩田地政策，经过近20年发展，家庭变成父母和3个儿子至少5口人（因为女人不上族谱，家中有无女儿不详），人均土地10亩，高于《武功县志》所载全县人均耕地6.71亩的水平，是否存在因孩子多举债而出卖或者抵押部分土地，或者部分土地被兼并？详情不知，但都有可能。

宋氏先祖定居初期，随着子女增多，家庭扩大，为养活全家，父母俩只能不避寒暑，昼夜辛劳：做务庄稼、饲养畜禽、植药种菜、棉麻桑蚕、纺线织布、缫丝织锦、拉土运粪、教养孩子……全息的忙碌劳作场景，仿佛就在眼前，农家累并快乐着，甚至丰收之后还能唱几句陕西梆子，或吼几声秦腔。

13.3　明中叶武功县暨宋家村的赋税结构分析

种地纳粮完赋，丁男力役行赋，赋税构成国家财政收入的主要来源，赋役制度是封建国家基本的财政制度。除商税、丁税等用钱钞支付外，大量的田赋是需要实物缴纳即折实征收的。男子成丁后，还要服力役、纳丁赋。"年十六曰成丁，成丁而役，六十而免"（《明史·食货志》）。力役包括服徭役如出远门运送军粮军械等物资、服劳役如建陵修宫殿和无偿服务衙门以及服兵役。同时，丁男还得缴纳丁赋。当然，国家的赋税结构也会影响农民的生产结构，如丁赋征收棉布、药材、丝锦，农民就必须植棉、种药和栽桑养蚕。

一般而言，新政权建立之初，封建政府往往采取轻徭薄赋政策，旨在笼络民心、恢复经济和稳定政权；在王朝中后期，则税赋不断加大，最终导致农民起义和政权更替。明代中叶弘治、正德年间，政府赋税严重情况从《武功县志》的记载中可见一斑。同时，从赋税严重到宋氏家庭两个儿子被迫成为流民移居洋县的年份，可以再次推敲宋氏先祖移民定居的年份。

参照康海《武功县志》正德七年的数据和人口与丁口按 4∶1 比例计算，武功县有田地 1862 顷 34 亩 5 分 7 厘，总户数 1978 户，总人口 27431 人，总丁口 6858 人，则户均人口 14 人，户均丁口 4 人，户均田地 0.94 顷（即 94 亩），人均田地 6.71 亩，丁均 23.5 亩。弘治、正德年间武功县暨农民家庭的年赋税数量和构成分析如下。

13.3.1 赋税

（1）纳粮：合计 17227 石 8 斗 2 升 9 合 9 勺 1 抄 7 撮。其中，夏粮：7702 石 3 斗 8 升 3 合 9 勺 8 抄 7 撮；秋粮：3252 石 4 斗 4 升 5 合 9 勺 3 抄。（注：纳粮折实征收。比照明代弘治十五年陕西布政司夏缴麦秋缴米的纳粮结构，秋粮是夏粮的 1.66 倍，因而，《武功县志》此处有误，且原文前后数据不平衡。）

明代北方许多地区通过轮种达到两年三熟或一年两熟，主要轮种的作物是麦谷、豆、黍、棉、稗等。若一般亩产为 2~3 石，取中为 2.5 石。一石为十斗，一百升，明代一石粟（未去壳）重 138.4 市斤，一石小米重 164 市斤，折中为每石粮食 150 市斤左右。按每石粮食重 150 斤计，每年武功县共缴纳税粮 17227 石，合为 2583300 斤，则户均 1306 斤，丁均 376.68 斤，人均 94.17 斤。若扣除地方官吏和豪民免征粮赋的数量，分摊在农民家庭的税粮负担则十分沉重。

（2）棉布：1350 匹 2 丈 4 尺。

户均 0.68 匹，按每匹 4 丈计，每户需要缴纳棉布 2.72 丈。

（3）桑丝：全县有桑树 7280 株，丝锦 239 斤 3 两 5 钱，课程钞商税 9400 贯 300 文。

户均缴纳丝锦重 1 两 2 钱，折收商税户均 4.75 贯。

（4）酒课：370 贯 400 文。

特产税，酒坊造酒者交税。

（5）水磨课：691 贯。

特种经营税，水磨坊磨面等需要交税。

（6）驴马牛站：五年轮换，诸丁赋岁调力役事。

站户即有驴马牛牲口户，政府规定五年内牲口连同主人必须为政府无偿使用、运输和装卸，完成岁调力役，五年届满轮换，站户苦不堪言。因而，站户多逃逸至僻壤处终老，不敢回家，不能问坟墓识田庐。

13.3.2　丁赋

（1）有户口食盐钞：89316 贯，贯折银 3 厘，计 267 两 9 钱 4 分 8 厘。

这里的"有户口食盐钞"指全县居民食盐消费税，户均 45.15 贯，丁均 13.02 贯，人均 3.25 贯，折银征收。此处，"贯折银 3 厘"指宝钞 1 贯仅折银 3‰两，正德年宝钞较洪武年竟然贬值了 333 倍，纸币恶性贬值，加重农民负担。

（2）药钞：柏子仁 50 斤，贝母 7 斤，石膏 2 斤，菖蒲 5 斤，瓜蒌根 7 斤，金银花 4 斤，共折银 7 两。

药钞税摊入中药材之中，无药材者折钞交税，丁均分摊。

（3）绵羯羊 10 只 10 两，军器银 4 两，布价银 6 两。

乱设税项，丁均分摊。此税项与陕西驻军众多有关。

通计 294 两 9 钱 4 分 8 厘，全县丁均 4 钱 3 分税银。

从上述弘治、正德年间武功县的年赋税构成，可以倒推当时的县域暨宋氏农民家庭的经济结构，县级政府的财政收入（赋税）结构是由县域农村既定的经济结构决定的。同时，政府赋役税收征收什么，农民就得生产经营什么，还需实物换钱交税，还要服丁役。明代中叶苛重的赋税负担和通货膨胀并存，压得宋氏等广大农民家庭生计艰难，苦不堪言。

综上分析，按宋氏军户家庭落户武功县 20 年和家庭五口人（父母加三个儿子）计，依据正德七年的赋税标准，则全家每年需要缴纳的赋税包括：粮食 1130.04 斤；棉布 2.72 丈；丝锦重 1 两 2 钱，折收商税 4.75 贯；丁赋（宋氏先祖加已成丁的两个儿子共 3 人）包括食盐钞 39.06 贯，其他，合计折银 1

两2钱9分（无偿服丁役、兵役的时间成本不算在内）。可见，当时宋氏农民家庭的赋税之沉重！

武功县赋税之繁重，康海状元感到吃惊，在县志中愤慨道："赋役之事，往予不可晓也，自所及见者，其纷纭缪乱，何可胜道，予穷伤之焉。"繁重赋税几乎全由农民家庭承担，而贵族官吏和豪民则倚重权贵规避赋税。据康海的描述，一般人不敢直言，反映了康状元对当时民众遭受繁重赋税的怜悯之情和对官吏、豪民逃税的无比愤慨，受到后世广泛褒扬，展示出康状元之铮铮铁骨和爱民情怀。康状元对武功县农民承担繁重赋役和豪强巧避赋役的充分揭露，与明代中叶全国情况基本一致。

明代中叶，由于土地兼并严重，大地主、大官僚占有大量土地却享受优免赋役的特权，使纳税土地大大减少，直接影响明政府财政收入。豪强地主通过勾结地方胥吏，把土地赋役转嫁到农民身上，已达到逃避或减轻税役的目的，最终导致国家财源枯竭。正德初年（1506）财政危机已经出现，到隆庆二、三年（1568—1569年），政府每年收入250多万两，而支出高达400万两，入不敷出情况此后有增无减。同时，差役是按户则（即户籍册）所载明的人丁和土地数额确定的，豪绅地主通过"诡寄""飞洒"等手段，把自己大量土地隐匿在他人户上（贫弱户、逃亡灭绝户、无地农户），从而逃避了差役负担，结果使农民"一困于赋，再困于役"，导致农民"甘愿抛荒田产避役四方"（《明万历实录》卷4）；有的"逃往山林，转为盗贼"（《张太岳文集》卷47）；有的"转死沟壑"（《续通典》卷3《实货·田制下》），逃民或流民不断产生。

明成化二十二年（1486）陕西大饥，武功民王瑾杀宿客而食之；正德十六年（1521）六月，陕西诸郡大旱疫。高额赋税、繁重兵役与旱役灾害相伴随，最终促成宋氏军户家庭两个成丁儿子被迫成为流民并移居陕南洋县。

明代中叶（1460—1552年），期间包含了我们所关注研究的三个重要时间节点：军户宋氏先祖定居武功县宋家村的时间（1503年前后）、康海《武功县志》所记载的高赋役真相时间（1512）和宋氏家庭两个儿子被迫移居洋县的时间（1521年前后），三者具有高度相关性和历史回溯性。

13.4　结论

农业社会农民家庭以土地为基础，以耕地种粮为主，以纺纱织布为辅，农业和手工业紧密结合，满足家庭吃穿用等基本生活需求，同时，还要从事其他种养劳动和商品交换，以满足家庭多种需要和服役纳赋。

第一，以《武功县志》和《宋氏族谱》等史志资料为依据，以马克思主义关于封建社会的生产和赋税理论为指导，运用历史分析和统计分析等方法，通过对《武功县志》珍贵史料数据的充分挖掘，对明代正德年武功县暨宋氏军户农民家庭的生产结构与赋役构成进行了详细剖析，揭示了军户农民家庭处于社会底层的悲惨命运，弥补了微观村史、军户史研究的不足。

第二，马克思主义关于封建社会的生产和赋税理论为我们分析明代中叶武功的县域和村域的经济结构和赋役结构指明了方向。封建地主阶级占有土地，依靠高额地租和繁重丁役对农民进行残酷剥削和压迫，维持封建统治。农民为了维持生存，除了完粮纳税和服役，几乎还要生产家庭生存所需要的一切产品和劳务，日夜辛劳，使农民家庭的农业和手工业紧密结合，从而排斥了社会分工的扩大和生产力的进步，致使中国封建社会长期延续。

第三，明代正德年宋氏农民家庭的生产结构既反映了当时的生产力水平和地域特征，也反映了当朝的财政收入要求。明代中叶以来，宋氏农民家庭在自己的份地上不仅要种植粮食作物（主业），还要种植棉花、中药材、桑树等经济作物（副业），也要从事纺纱织布和缫丝织锦等手工业，属于典型的农业与手工业结合的小农经济家庭，是当时陕西众多农民家庭的一个缩影。

第四，明代正德年武功县的赋税繁重，加之通货膨胀，导致宋氏等众多农民家庭生计艰难。武功县是中国农耕文明的重要发祥地之一，是后稷教民稼穑之地，自古农业发达。明代中叶，政治腐败，土地兼并严重，政府财政入不敷出，势必不断加重小农家庭的赋税负担，形成富庶之地难养人的怪状。

第五，明代中叶，武功县的高额赋税与军户农民家庭的兵役负担沉重相伴随，导致宋氏家庭的两个儿子被迫成为流民。随着宋氏先祖两个儿子陆续长大成丁，家庭承担的赋税负担必然加重，生存风险增大。同时，作为军户的宋氏农民家庭，还要承受服兵役、当民兵的义务，加之旱疫肆虐，多重因素叠加，最终促成了宋氏家庭两个儿子被迫成为流民。宋氏军户家庭的遭遇是武功县乃至全国的众多军户家庭的一个历史缩影。

第六，宋氏军户农民家庭忍辱负重，逆境中繁荣兴旺，形成了自强不息和愈挫愈勇的家族文化。从明代正德七年的静态分析结果来看，宋氏农民家庭与其他农民家庭一样，遭受着沉重的赋役之苦，之后数百年间，曾屡次遭受旱灾、涝灾、蝗灾、疫灾、战乱等残酷打击，但勤奋、勇毅的不屈不挠精神传承了500多年，人口由当初的一家人发展到目前的2000多口人，成为武功县的一个大村，其中蕴含着丰富的家族文化值得深入发掘和传承。

参考文献

[1] 潘石. 中国人口结构失衡及其调整战略——基于第七次全国人口普查数据的分析 [J]. 税务与经济, 2022 (5): 1-10.

[2] 张世生. 马克思恩格斯列宁斯大林论人口问题 [M]. 北京: 中央文献出版社, 2015: 104, 227, 281.

[3] 中共中央马克思恩格斯列宁斯大林著作编译局. 马克思恩格斯全集 (第35卷) [M]. 北京: 人民出版社, 2008: 145.

[4] 刘苗苗, 肖铁健. "两种生产" 中人口理论中国化研究综述 [J]. 中共乐山市委党校学报, 2016, 18 (3): 20-22.

[5] 王钦池, 贺丹, 张许颖, 等. 中国共产党百年人口思想: 回顾、总结与展望 [J]. 人口研究, 2021, 45 (5): 10-21.

[6] 隽鸿飞. 马克思的两种生产理论及其当代意义 [J]. 哲学研究, 2004 (8): 11-15.

[7] 钟逢干. "两种生产革命实践论" 是马克思主义人口理论的更好概括 [J]. 人口研究, 2009, 33 (3): 1-9.

[8] 陈法娟. 马克思主义人口理论及其现实意义 [J]. 淮南师范学院学报, 2011, 13 (2): 5-7.

[9] 彭松建. 马克思恩格斯在人口经济思想史上的根本变革 [J]. 经济科学, 1983 (5): 19-24.

[10] 汤兆云. 当代中国人口政策研究 [M]. 北京: 知识出版社, 2005: 43.

［11］胡显海，蒋若凡. 马克思主义人口理论对我国应对人口老龄化的启示
　　　［J］. 四川师范大学学报（社会科学版），2022，49（5）：102-110.

［12］斯大林. 列宁主义问题［M］. 北京：人民出版社，1964：644.

［13］李少云，屈炳祥. 论马克思再生产理论与科学发展——纪念马克思诞辰
　　　190 周年［J］. 学习与实践，2008（7）：85-93.

［14］刘永凌. 马克思人的再生产理论对破解我国人口老龄化趋势的启示
　　　［J］. 学习与探索，2020（9）：133-140.

［15］王干一. 简述马克思、恩格斯人口理论的形成［J］. 社会科学战线，
　　　1989（4）：135-143.

［16］张孝纯. 马克思人口思想浅述［J］. 信阳师范学院学报（哲学社会科学
　　　版），1983（2）：1-8，20.

［17］桂世勋. 马克思主义人口理论研究的八大进展［J］. 中国人口科学，
　　　1988（6）：42-45.

［18］李荣时. 浅议人口规律［J］. 人口研究，1982（1）：53-56.

［19］解书森，陈冰. 马克思人口理论和社会主义人口规律［J］. 经济问题探
　　　索，1983（3）：19-21.

［20］钱俊生. 人口理论中一些问题的辩证关系［J］. 理论月刊，1988（6）：
　　　18-21.

［21］潘石. 中国人口结构失衡及其调整战略——基于第七次全国人口普查数
　　　据的分析［J］. 税务与经济，2022（5）：1-10.

［22］彭松建. 马克思恩格斯在人口经济思想史上的根本变革［J］. 经济科
　　　学，1983（5）：20/19-24.

［23］张嘉昕. 马克思人口理论视阈下的"新人口策论"研究——阐发程恩富
　　　教授人口思想［J］. 海派经济学，2014，12（2）：3/1-13.

［24］赵承信. 评王亚南著"马克思主义的人口理论与中国人口问题"［J］.
　　　读书月报，1957（5）：1-3.

［25］吴忠观. 马克思的人口理论［J］. 财经科学，1983（2）：4-5.

［26］李森，张思军. 马克思恩格斯人口理论及其中国化实践［J］. 山西大同

大学学报（社会科学版），2022，36（5）：7/6-10.

[27] 徐曼. 马克思主义人口理论及其当代启示 [J]. 现代交际，2020（14）：216-218.

[28] 魏溦，王杉. 马克思主义人口理论国内研究综述 [J]. 哈尔滨学院学报，2012，33（7）：26-30.

[29] 张先兵，齐志. 大国地位中的均衡人口规模与中国的取向 [J]. 改革，2009，184（6）：105/104-109.

[30] 吴忠观. 马克思的人口理论 [J]. 财经科学，1983（2）：4-5/1-10

[31] 廖田平，温应乾. 人口生产必须和物质生产相适应 [J]. 中山大学学报（哲学社会科学版），1980（1）：31-42.

[32] 德·伊·瓦连捷伊. 马克思列宁主义人口理论 [M]. 北京：商务印书馆，1978：9.

[33] 张纯元. 马克思主义人口史 [M]. 北京：北京大学出版社，1986：474.

[34] 吕学会. 论马克思主义人口理论视角下"全面二孩"政策的意义 [J]. 南方论刊，2016（7）：14，15，32.

[35] 魏溦. 马克思主义人口理论研究 [D]. 哈尔滨：哈尔滨工程大学，2014.

[36] 宫建. 从生态哲学视域解析人口结构和社会发展的关系 [D]. 沈阳：沈阳工业大学，2009.

[37] 杜玉华. 社会结构：一个概念的再考评 [J]. 社会科学，2013（8）：90-98.

[38] 刘保中，邱晔. 新中国成立70年我国城乡结构的历史演变与现实挑战 [J]. 长白学刊，2019（5）：39-47.

[39] 牟新渝. 运用马克思主义"两种生产"理论探讨人口老龄化问题 [J]. 社会福利（理论版），2015（4）：2-8，15.

[40] 徐曼. 马克思主义人口理论及其当代启示 [J]. 现代交际，2020（14）：216-218.

［41］郑功成. 实施积极应对人口老龄化的国家战略［J］. 人民论坛·学术前沿, 2020（22）: 19-27.

［42］陶涛, 金光照, 郭亚隆. 两种人口负增长的比较: 内涵界定、人口学意义和经济影响［J］. 人口研究, 2021, 45（6）: 18/14-28.

［43］张现苓, 翟振武, 陶涛. 中国人口负增长: 现状、未来与特征［J］. 人口研究, 2020, 44（3）: 3-20.

［44］陆杰华, 刘瑞平. 新时代我国人口负增长中长期变化特征、原因与影响探究［J］. 中共福建省委党校（福建行政学院）学报, 2020（1）: 19-28.

［45］李龙, 陈佳鞠. 马克思主义人口均衡思想及其中国化［J］. 人口研究, 2019, 43（3）: 102-112.

［46］古清中. 马克思主义关于调整人口生产的理论与我国调整人口生产的实际［J］. 人口研究, 1983（4）: 11-15.

［47］包秀琴, 芦越. 中国共产党建党百年人口思想演进及当代启示——基于马克思主义人口理论［J］. 前沿, 2021（6）: 23-31, 40.

［48］张纯元. 马克思主义人口思想史［M］. 北京: 北京大学出版社, 1988: 5.

［49］朱解放. 马克思主义人口问题与社会发展理论探析［J］. 中国劳动, 2016（4）: 16-20.

［50］吴俊蓉, 杨成钢. 中国特色社会主义人口理论演进脉络［J］. 绵阳师范学院学报, 2016, 35（9）: 23-27.

［51］黄江. 马克思人口理论的当代价值［J］. 黑河学院学报, 2020, 11（12）: 27-30, 42.

［52］刘伟, 蔡志洲. 新世纪以来我国居民收入分配的变化［J］. 北京大学学报（哲学社会科学版）, 2016, 9（53）: 5.

［53］佟新华. 吉林省人口城市化与产业结构的动态关系研究［J］. 人口学刊, 2015, 37（4）: 48-54.

［54］周敏, 丁春杰, 高文. 新型城镇化对产业结构调整的影响效应研究［J］. 生态经济, 2019, 35（2）: 105-112.

［55］李春生. 城镇化对产业结构升级的作用机制与实证分析［J］. 经济问题探索，2018，39（1）：47-54.

［56］孔晓妮，邓峰. 人口城市化驱动经济增长机制的实证研究［J］. 人口与经济，2015（6）：32-112.

［57］靳卫东. 人力资本与产业结构转化的动态匹配效应——就业、增长和收入分配问题的评述［J］. 经济评论，2010（6）：137-142.

［58］邹璇，杨雪. 年龄结构、教育结构与产业结构优化——基于我国省级层面的空间溢出效应分析［J］. 河海大学学报（哲学社会科学版），2018，20（5）：56-62.

［59］纪慰华. 上海市产业结构高级化对就业结构的影响［J］. 科技·人才·市场，2000（1）：57-59.

［60］蒋笃运. 产业结构、专业结构与大学生就业问题［J］. 中国大学生就业，2006（8）：8-11.

［61］郝武峰. "一带一路"倡议背景下西北地区经济发展空间拓展路径研究［D］. 贵州财经大学，2017.

［62］秦重庆. 空间溢出视角下西北五省区财政支出与全要素生产率的关系研究［D］. 乌鲁木齐：新疆财经大学，2015.

［63］张铭钟. 我国西北五省（区）高等教育与区域经济互动模式构建［D］. 徐州：中国矿业大学，2008.

［64］杜雯. 探究资源型城市产业结构的调整模式［J］. 城市建设理论研究，2020（17）：11-12.

［65］陈秀梅，韩克勇. 现阶段我国人口结构变迁研究［J］. 社会科学研究，2014（1）：119-122.

［66］倪红福，李善同，何建武. 人口结构变化对经济结构的影响：基于投入产出模型的分析［J］. 劳动经济研究，2014（3）：63-76.

［67］罗微，程鹏. 人口结构变化对经济效率的影响：基于非期望产出模型的分析［J］. 浙江师范大学学报（社会科学版），2023，48（1）：70-80.

［68］牛文学，王成军. 人口结构与产业结构耦合协调关系研究——以广东省为例 ［J］. 统计理论与实践，2023（6）：31-37.

［69］周海生，战炤磊. 人口结构和产业结构的互动影响与协调思路——以南京市为例 ［J］. 技术经济与管理研究，2013，199（2）：107-110.

［70］方大春，张凡. 人口结构与产业结构耦合的经济效应实证分析 ［J］. 兰州财经大学学报，2017，33（2）：1-10.

［71］梁树广，吕晓，张延辉. 人口结构与产业结构转型升级耦合演进的时空特征——基于中国时间序列与31个省份面板数据的灰色关联分析 ［J］. 经济体制改革，2019（2）：54-61.

［72］宋洁. 黄河流域人口—经济—环境系统耦合协调度的评价 ［J］. 统计与决策，2021，37（4）：185-188.

［73］温瑞娜. 西部地区人口与产业耦合协调发展研究 ［D］. 呼和浩特：内蒙古工业大学，2022：33-44.

［74］吴定玉，唐聃，张治觉. "二孩政策"对中国人口结构与产业结构耦合协调度影响 ［J］. 经济地理，2020，40（10）：32-40.

［75］孙钰，崔寅，冯延超. 城市公共交通基础设施的经济、社会与环境效益协调发展评价 ［J］. 经济与管理评论，2019，35（6）：122-135.

［76］陈煜婷. 城镇就业人群生育意愿及其影响因素的性别差异研究——职业结构，时间分配和性别观念的效应 ［J］. 南方人口，2017，139（32）：70-82.

［77］宋德勇，刘章生，弓媛媛. 房价上涨对城镇居民二孩生育意愿的影响 ［J］. 城市问题，2017，260（3）：69-74.

［78］陈秀红. 流动人口家庭发展能力对二孩生育意愿的影响——基于2016年流动人口动态监测数据的实证分析 ［J］. 行政管理改革，2019，116（4）：61-69.

［79］李思达. 全面二孩政策下城市女性生育意愿的影响因素——基于 CGSS 数据的研究 ［J］. 中北大学学报（社会科学版），2020，170（36）：

127-130.

[80] 田立法, 荣唐华, 等."全面二孩"政策下农村居民二胎生育意愿影响因素研究——以天津为例 [J]. 人口与发展, 2017, 133 (4): 106-114.

[81] 徐凤霞, 黄叶莉, 吴欣娟, 刘华平. 女护士二孩生育意愿调查 [J]. 中国护理管理, 2018, 18 (11): 58-64.

[82] 李翔, 赵昕东. 全面二孩政策效果是否显著?——基于福建地区二孩生育意愿的调查研究 [J]. 东南学术, 2019 (4): 118-129.

[83] 杨柠聪. 全面二孩背景下人口生育意愿影响因素研究综述 [J]. 重庆社会科学, 2020 (1): 96-107.

[84] 周明. 陕西省 2020 年户籍人口城镇化率将达到 50% 以上 [N]. 陕西日报, 2017-5-23.

[85] 杨晓畅, 蒲川."全面二孩"政策下重庆市育龄妇女二孩生育意愿及影响因素分析 [J]. 中国卫生事业管理, 2018, 364 (10): 76-79.

[86] 杨青松, 石梦希. 贵州省育龄人群二孩生育意愿的现状及其影响因素 [J]. 中国卫生统计, 2020, 37 (4): 62-65.

[87] 闫玉, 张竞月. 育龄主体二孩生育焦虑影响因素的性别差异分析 [J]. 人口学刊, 2019, 41 (1): 23-33.

[88] 赵艳, 戴丽, 段学颖. 北京市育龄妇女二孩生育意愿及其影响因素 [J]. 医学与社会, 2019, 250 (8): 79-83.

[89] 江砥, 董静, 詹汉荣. 生育新政之后民众二孩生育意愿影响因素探析——以湖北黄冈市区市民生育意愿随机问卷调查为例 [J]. 人口与发展, 2018, 138 (3): 119-130.

[90] 张琳. 职业女性二孩生育意愿及其影响因素研究 [J]. 调研世界, 2018, 299 (8): 14-20.

[91] 方大春, 裴梦迪. 居民二孩生育意愿的影响因素研究——基于 CGSS2015 数据的经验研究 [J]. 调研世界, 2018, 300 (9): 11-15.

[92] 陈秀红. 影响城市女性二孩生育意愿的社会福利因素之考察 [J]. 妇女

研究论丛，2017，139（1）：32-41.

[93] 风笑天，李芬.生不生二孩？城市一孩育龄人群生育抉择及影响因素
[J].国家行政学院学报，2016，100：96-103.

[94] 马赫，尹文强，等.全面二孩政策下山东省育龄女性二孩生育意愿及影
响因素分析[J].卫生软科学，2019，281（33）：18-22.

[95] 段继红，苏华山，张成.生育成本对二孩生育意愿的影响[J].当代财
经，2020，422（1）：19-28.

[96] 靳永爱，宋健，陈卫.全面二孩政策背景下中国城市女性的生育偏好与
生育计划[J].人口研究，2016，40（6）：22-37.

[97] 顾宝昌.论生育和生育转变：数量、时间和性别[J].人口研究，
1992，16（6）：1-7.

[98] 邱强兰，宋元梁.陕西生育成本问题研究[J].知识经济，2019（9）：
17-18.

[99] 李尚盈，董晔.全面二孩政策下乌鲁木齐市居民生育成本研究[J].地
域研究与开发，2020，39（4）：169-174.

[100] 高波.结婚成本的经济学分析[J].辽宁经济管理干部学院（辽宁经
济职业技术学院学报），2012（3）：7-8，40.

[101] 张樨樨，杜玉帆."全面二孩"政策背景下生育对城镇女性职业中断的
影响研究[J].华东师范大学学报（哲学社会科学版），2019，51
（1）：159-168+175-176.

[102] 杨沛琳.如何破解职业女性"生""升"两难——基于社会责任导向人
力资源管理的视角[J].中外企业家，2019（26）：72-73.

[103] 王婉婷."全面二孩"时代女性就业歧视问题分析[J].市场周刊，
2019（7）：171-172.

[104] 胡若愚.基于成本收益的家庭生育行为决策探析[J].生产力研究，
2018（6）：20-23.

[105] 吕红平，崔红威，杨鑫."全面两孩"后的计划生育奖励扶助政策走向

[J]. 人口研究, 2016, 40 (3): 82-89.

[106] 汪孝宗. 从经济养老到精神养老有多远? [N]. 中国经济周刊, 2009-06-01.

[107] 叶郁. 农村伤残或死亡独生子女家庭养老保障服务研究 [J]. 前沿, 2013, 348 (22): 111-113.

[108] 吕红平, 李莉. "全面两孩" 政策背景下奖励扶助政策重构 [J]. 河北大学学报 (哲学社会科学版), 2016, 41 (2): 147-152.

[109] 赵仲杰. 城市独生子女伤残、死亡给其父母带来的困境及对策——以北京市宣武区调查数据为依据 [J]. 南京人口管理干部学院学报, 2009, 25 (2): 55-59.

[110] 周美林, 张玉枝. 计划生育家庭特别扶助制度若干问题研究 [J]. 人口研究, 2011, 35 (3): 106-112.

[111] 加里·S. 贝克尔. 生育率的经济分析 [A]. 控制人口与发展经济 [M]. 北京: 北京大学出版社, 1985.

[112] 阿尔弗雷德·索维. 人口通论 (上册) [M]. 北京: 商务印书馆, 1978.

[113] 叶文振. 孩子需求理论——中国孩子的成本和效用 [M]. 上海: 复旦大学出版社, 1998.

[114] 夏颖. 从社会抚养费的征收看中国农村孩子成本—效益分析 [D]. 北京: 中国人民大学, 2004.

[115] 大渊宽, 森冈仁, 张真宁. 生育率经济学 (二) ——与社会学的合并 [J]. 人口与经济, 1988 (3): 46-48.

[116] 大渊宽, 森冈仁, 张真宁. 生育率经济学 (三) ——与社会学的合并 [J]. 人口与经济, 1988 (4): 41-43.

[117] 朱利安·L. 西蒙. 人口增长经济学 [M]. 北京: 北京大学出版社, 1984.

[118] 马克思. 资本论 (第一卷) [M] //马克思恩格斯全集 (第23卷). 北京: 人民出版社, 1972.

[119] 翟振武，金光照. 中国人口负增长：特征、挑战与应对 [J]. 人口研究，2023，47（2）：11-20.

[120] 光复书局大美百科全书编辑部. 大美百科全书（第19卷）[M]. 北京：外文出版社，1994：61.

[121] 辞海编辑委员会. 辞海 [M]. 上海：上海辞书出版社，1979：4010.

[122] 葛剑雄，等. 简明中国移民史 [M]. 福州：福建人民出版社，1993：1.

[123] 马克思. 政治经济学批判草稿 [M] //中共中央马克思恩格斯列宁斯大林著作编译局. 马克思恩格斯全集（第46卷）（上）. 北京：人民出版社，1979：494.

[124] 列宁. 全俄工兵代表苏维埃第二次代表大会 [M] //中共中央马克思恩格斯列宁斯大林著作编译局. 列宁全集（第26卷）. 北京：人民出版社，1959：239.

[125] 赫瑟. 人口研究 [M]. 芝加哥：芝加哥出版社，1959：489-494.

[126] 葛剑雄. 研究中国移民史的基本方法和手段 [J]. 浙江社会科学，1997（4）：82.

[127] 关文. 追寻中国史的潜流——葛剑雄等《中国移民史》评价 [J]. 中国社会经济史研究，1998（2）：86.

[128] 刘娟娟. 明清山东移民研究 [D]. 济南：山东师范大学，2012：34.

[129] 靳文豪. 明代豫北移民若干问题研究 [D]. 南宁：广西师范大学，2013：28-29.

[130] 谭其骧. 中国移民史要 [M]. 上海：复旦大学出版社，2021：364.

[131] 武慧. 明代山西军卫移民研究——基于《武职选薄》的考察 [D]. 西安：陕西师范大学，2019：16.

[132] 李刚. 明清时期陕西商品经济与市场网络 [M]. 西安：陕西人民出版社，2006：2.

[133] 田培栋. 论明代北方五省的赋役负担 [J]. 首都师范大学学报（社会科学版），1995，105（4）：40.

[134] 徐平华. 中国封建社会周期波动于人口关系初探 [J]. 中国史研究, 1997 (3)：13-21.

[135] 江立华, 孙洪涛. 中国流民史 (古代卷) [M]. 武汉：武汉大学出版社, 2017：6.

[136] 张青. 洪洞大槐树移民志 [M]. 太原：山西古籍出版社, 2000：48-50.

[137] 严如煜. 三省山内风土杂识 [M]. 北京：商务印书馆, 1936：16.

[138] 陈玉娥. 近二十年中国近代家庭史研究述评 [J]. 宁夏大学学报 (人文社会科学版), 2023, 45 (4)：77-87.

[139] 恩格斯. 家庭、私有制和国家的起源 [M] //马克思恩格斯选集 (第4卷). 北京：人民出版社, 1972：148-149.

[140] 恩格斯. 德国农民战争 [M] //马克思恩格斯全集 (第7卷). 北京：人民出版社, 1959：397.

[141] 恩格斯. 反杜林论 [M] //马克思恩格斯全集 (第20卷). 北京：人民出版社, 1971：202-203.

[142] 马克思. 资本论 [M] //马克思恩格斯全集 (第25卷). 北京：人民出版社, 1974：905-906.

[143] 马克思, 恩格斯. 德意志意识形态 [M] //马克思恩格斯全集 (第3卷). 北京：人民出版社, 1960：28.

[144] 斯大林. 论辩证唯物主义和历史唯物主义 [M] //斯大林文选 (上). 北京：人民出版社, 1962：200.

[145] 列宁. 论左派民粹派 (1914年) [M] //列宁全集 (第20卷). 北京：人民出版社, 1958：297.

[146] 田培栋. 论明代北方五省的赋役负担 [J]. 首都师范大学学报 (社会科学版), 1995, 105 (4)：37.

[147] 董郁奎. 试论明中叶的财政危机与浙江的赋税制度改革 [J]. 浙江学刊, 2000 (4)：139.

［148］薛平拴. 明清时期陕西境内的人口迁移［J］. 中国历史地理论丛, 2001, 16（1）: 102.

［149］崔振禄, 李式嵘. 陕西粮食史志资料汇编［Z］. 西安: 陕西粮食史志编纂委员会, 1993: 148.

［150］吕卓民. 明代西北地区主要粮食作物的种植与地域分布［J］. 中国农史, 2000, 19（1）: 57-66.

［151］陶圣建. 我国古代的人口与人丁问题［J］. 中学历史教学, 2005（12）: 4.

［152］齐涛. 中国古代经济史［M］. 济南: 山东大学出版社, 2016: 148.

［153］田昌五, 漆侠. 中国封建社会经济史（第4卷）［M］. 济南: 齐鲁书社, 1996: 225.

［154］Lin F, Chen J. A Study on the interactiove relationship between regional human capital and industrial structure adjustment in Shanghai［M］. London: Springer-Verlag, 2013.

［155］Golley J, China Economic dynamics and economic growth in China［J］. China Economic Review, 2015（35）: 15-32.

［156］Hausmann R, Hwang J, Rodnk D. What you export matters［J］. Joumal of Economic Growth, 2007, 12（1）: 1-25.

［157］Keynes J M. Alternativetheoners of the rate interest［J］. The Economic Joumal, 1937, 47（186）: 241-252.

［158］Acemoglu D. Patterns of skill premia［J］. The Review of Economic Studies, 2003, 70（2）: 199-230.

［159］Maddison A. Dynamic Forces of Capitalalist Development［M］. Oxford: Oxford University Press, 1991.

［160］JOHN P. Holden. Population and Energy Problem［J］. Symposiumon Population and Scarcity, 1991（12）: 345-371.

［161］THOMAS Lindh. Bo Malmberg. European Union economic growth and the age structure of the population [J]. Economic Change and Restructuring, 2009 (42): 159-187.

[162] K. G. Manton. Population and Labor Force Aging, Effect on Socio- Economic Development in Brazil, Russia, India and China [M]. International Encyclopedia of Public Health, 2008: 170-181.

[163] Hafeez Ur Rehman, Muhammad Shahid Farooq, Kafeel Sarwar. Education and economic growth in Pakistan: A cointegration and causality analysis [J]. International Journal of Educational Research, 2011, 50: 321-335.

[164] Harriet Presser. Comment: A Gender Perspective for Understanding Low Fertility in Post Transitional Societies [J]. Population and Development Review, 2001 (27): 177-183.

[165] Peter Mc Donald. Gender Equity in Theories of Fertility Transition [J]. Population and Development Review, 2000 (3): 427-439.

[166] Maria Stanfors. Education, Labor Force Participation and Changing Fertility Patterns. A Study of Women and Socioeco-nomic Change in Twentieth Century Sweden [M]. Stockholm: Almq vist and Wiksell International, 2003.

[167] Catherine Hakim. A New Approach to Explaining Fertility Patterns: Preference Theory [J]. Population and Development Review, 2003 (3): 349-374.

[168] R. J. Willis. The Economic Determinants of Fertility Behavior [D]. University of Washington, 1971.

[169] R. J. Willis. A New Approach to the Economic Theory of Fertility Behavior [J]. Journal of Political Economy, 1973, 81 (2): 14-64.

[170] Sousan Abadian. Women's autonomy andit's impact on fertility [J]. World Development, 1996, 24 (12): 1793-1809.

[171] Shelley J. Correll, Stephen Benard, In Paik. Getting a Job: Is There a

Motherhood Penalty? [J]. American Journal of Sociology, 2007, 112 (5): 1297-1339.

[172] Caldwell, J. C. The Theory of Fertility Decline [M]. New York: Academic Press, 1982.

后　记

中国作为历史上和现存的世界人口大国，人口发展始终是治国理政必须面对的重大战略问题。

在封建社会，统治者们常以人丁兴旺和大国庶民作为国家强盛的标志。然而，由于封建统治的腐朽性以及贵族地主疯狂的土地兼并和高昂地租剥削，导致每个朝代后期都出现民不聊生和社会矛盾激化，出现大规模农民起义，通过持续战争和人口锐减来改朝换代，形成封建社会循环交替的周期率。因此，中国封建时代的人口在长期波动中缓慢增长，直到清朝中后期，随着高产农作物的引进和大范围种植，中国人口才出现大规模增长态势，清道光年间中国人口突破4亿。从鸦片战争到中华人民共和国成立的110年间，反帝反封建的民主革命以及军阀混战，中华大地上战乱不止，人口增长缓慢。

新中国成立后，人民当家作主，政治稳定，经济恢复，随之在20世纪70年代之前形成了两次生育高峰。中国在外部列强封锁和内部经济落后的背景下，面对人口数量的过快增长，消费与积累之间的矛盾异常尖锐。于是，党中央以马克思主义人口理论为指导，结合中国过高生育率实际，果断采取计划生育政策，把"控制人口数量、提高人口质量"当作基本国策。伴随着1978年之后改革开放和市场化、工业化、城镇化和信息化的快速推进，到90年代以后，我国的总和生育率稳定降低到2.0‰左右，在人口大国实现了生育率转变，步入低生育水平国家行列，创造了发展中大国人口转变的世界奇迹，为中国经济社会腾飞赢得了宝贵的时间和空间，赢得了世界的尊重。

进入 21 世纪特别是 2001 年中国加入世界贸易组织之后，我国的工业化、信息化、城镇化和国际化的步伐加快，农村人口持续大规模地进入城镇工作、生活，公有经济、民营经济和外资经济携手共进、快速发展，产业结构不断优化升级，国民经济高速增长，到 2010 年中国 GDP 超过日本，至今稳居世界第二，由改革开放前的贫穷落后国家一跃站在了世界经济舞台的中央。

随着人口数量控制和持续低生育水平，我国人口结构发生重大变化，于 2000 年进入老龄化社会。同时，2022 年城镇化率突破 65%，意味着我国广大育龄人群工作、生活在城市，而城市房价高企，婚育、养育和教育等成本上升以及就业竞争加剧等综合因素的影响，使育龄人群特别是年轻育龄人群的生育意愿进一步降低，即使国家 2016 年以来先后放开二孩、三孩生育政策，生育数量却在逐年减少，仿佛跌入"低生育陷阱"之中，2022 年出现了内生性的人口负增长现象，老龄化和少子化的人口结构性矛盾尖锐。育娲人口智库（2023）最新的研究结果显示，中国养育一个孩子到 18 岁所需要的成本是人均 GDP 的 6.9 倍，这一数字高于德国（3.64 倍）的两倍，高于澳大利亚（2.08 倍）和法国（2.24 倍）的三倍，让中国成为养育成本第二高的国家，仅次于韩国（7.79 倍）。

面对人口结构失衡状况，党中央高度重视，以马克思主义人口结构理论为指导，在党的二十大报告中强调指出："优化人口发展战略，建立生育支持政策体系，降低生育、养育、教育成本。实施积极应对人口老龄化国家战略，发展养老事业和养老产业，优化孤寡老人服务，推动实现全体老年人享有基本养老服务。"国务院各部委和各省市（区）陆续出台了鼓励生育和养老的系统性支持政策体系，体现了党和国家优化人口结构的决心和魄力。

党的二十大提出了到 2035 年全面建成社会主义现代化国家的宏伟蓝图，西北地区经济社会发展相对落后，是全国同步实现现代化的短板所在。因此，研究西北地区人口结构与产业结构协调发展的现实意义十分重大。

本书是在马克思主义人口结构理论指导下通过大量调研的基础上形成的。由于我们水平有限，书中难免存在错误和不足，敬请各位专家、同仁批评指正，以臻完善。

后　记

感谢教育部人文社科基金的支持！

感谢西安财经大学副校长吴旺延教授为本书拨冗作序！

感谢项目团队成员几年来的团结合作！感谢曲峡老师在项目调研中优秀的组织管理贡献！

感谢西安工业大学经济管理学院对项目研究的全力支持！

宋元梁

2023.9.1